JN438490

기다림, 그것은

현대수필가100인선Ⅱ · 71

기다림, 그것은

탁현수 수필선

수필과비평사 · 좋은수필사

■책머리에

수필은 누구나 부담 없이 읽고, 마음만 먹으면 직접 쓸 수도 있는 가장 친근한 문학이다. 다른 영역의 문학이 영상매체에 밀려 신음하고 있는 중에도 수필 인구만은 날로 증가하여 바야흐로 수필 전성시대를 구가하고 있는 이유도 거기에 있을 것이다.

시대적 추세에 힘입어 수많은 수필전문지, 수필동인지가 창간되고, 이에 비례하여 신진 수필가도 날로 늘어나다 보니 이제는 그 많은 작가, 그 많은 작품 중에서 문학성 높은 작품을 가려 읽는 일이 쉽지 않게 되었다. 이런 현상은 작가에게나 독자에게나 결코 바람직한 일이 아니다. 더 나아가서는 수필을 연구하는 후세들에게도 큰 부담이 될 것이다.

이런 문제를 해결하는 데는 출판인도 마땅히 한몫을 감당해야 한다는 평소의 소신에 따라, 본사가 기꺼이 그 역할을 맡기로 했다. 그 첫 번째 사업으로 시대를 대표할 만한 수필가 100인을 선정하고, 작가가 자선한 40편 내외의 작품을 수록한 문고본을 발간하여 이를 널리 보급함으로써 그 소임을 다하고자 한다.

본사는 사명감을 가지고 이 사업을 추진해 나가기로 했다. 작가 선정을 전담할 편집위원회를 구성하고 전권을 위임하여 일체의 사적인 정실이나 청탁을 배제함으로써 전문성과 공정성을 확보해 나갈 것이다.

따라서 이 기획물 속에는 작가의 문학정신뿐만 아니라, 본사의 문학사적 기여 의지와 편집위원 제위의 수필문학에 대한 애정과 문인으로서의 양심이 함께 담겨 있음을 자부한다. 다만, 작가를 선정하는 기준에는 많은 견해의 차이가 있을 수 있고, 선정 과정에서도 미처 챙기지 못한 부분이 있을 것이라는 사실만은 인정하지 않을 수 없다. 이 점에 대해서는 관계자 여러분의 양해 있으시기 바란다.

이 시리즈의 발간 순서는 작가, 또는 본사의 사정에 의한 것일 뿐 그 밖의 어떤 기준도 적용하지 않았음을 밝힌다.

본 기획물이 시대를 초월한 많은 수필 애호가들의 관심과 애정 속에 우리나라 수필문학 발전에 한 이정표가 되기를 바랄 뿐이다.

본사에서는 이상과 같은 취지로 ≪현대수필가 100인선≫ 전 100권을 완간하여 큰 반향을 불러일으킨 바 있다.

그러나 우리 수필문단의 규모나 수필문학의 수준에 비추어 선정 작가를 100인으로 한정하는 것은 형평성이나 효율성 면에서 크게 부족하다는 의견이 많았고, 본사 또한 이를 통감하던 터라 기꺼이 ≪현대수필가 100인선Ⅱ≫를 발간하기로 했다.

본사의 충정에 찬동하여 출판에 응해주신 저자 여러분에게 진심으로 감사한다.

2014년 9월 일

수필과비평사 · 좋은수필사 발행인 서 정 환
현대수필가 100인선 간행 편집위원 박 재 식 최 병 호
정 진 권 강 호 형
오 세 윤

| 차례 |

1_부 미완未完, 그 영원성

2_부 길 위에 서서

3_부 한 어머니의 기도

4_부 마당

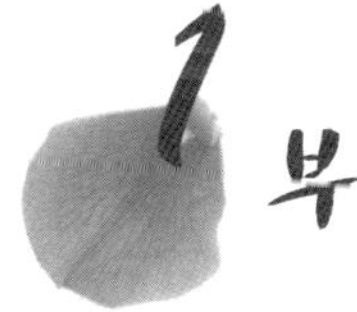

모닥불

미완未完, 그 영원성

세월

색色 타령

밤의 향기

아버지의 퍼즐

시인들의 노래

'바람별 마을' 촌장

기다림, 그것은

정답을 찾아서

진짜와 가짜

모닥불

시골 오두막에서는 자주 모닥불을 피운다. 축제의 시작을 알리기 위해 성화를 봉송하듯 사람들이 모이면 마당 가운데에 불 먼저 놓는다. 활활 불이 타오르고 있으면 모두의 가슴이 하나 되어 타오른다. 오두막에 머무는 동안 손에 손을 마주 잡고 강강술래를 하듯, 마음에서 마음으로 정이 흐름을 느낀다.

겨울밤, 모닥불 앞에서 밤을 지새워 본 사람은 그곳에서 얼마나 많은 것들을 만날 수 있는지 짐작할 수 있다. 인생은 모닥불 같은 것이라는 대중가요의 노랫말에 절절하게 공감하게 된다.

무더운 여름에 비해 겨울은 서로가 서로를 잡아끄는 응집의 매력이 있다. 여럿이서 함께 사용하는 좁은 공간도 겨울에는 오밀조밀 아늑하게 느껴진다. 사랑하는 연인들끼리 다정하게 팔짱을 끼고 다니는 모습도 겨울에 한결 보기가 좋다. 겨울의 그 끈끈한 응집력은 바로 온기이다. 따스한 온기가 있는 곳엔 모두가 모여들게 마련이다. 주전자의 물이 보글보글 끓는 난로 앞, 따스하게 내리쬐이는 햇볕, 온갖 빛을 발하며 활활 타오르는 모닥불….

그래서일까. 한여름 무더위 속에서도 마음의 결집이 필요할 때면 캠프파이어라는 이름으로 불 앞에 모이는 것을 볼 수가 있다. 그곳에서는 젊음도, 열정도, 우정도, 사랑도 불과 함께 타오른다. 타오르는 불은 그만큼 유순함과, 정열과, 용기와, 희망을 함께 준다.

사람마다 성품이나 살아가는 방식이 다르듯 장작의 종류에 따라 모닥불이 피어오르는 모습도, 불빛도 형형색색이다. 생목生木은 쉬 불이 붙지는 않지만 오래 타고, 고사목은 잘 타기는 하지만 불심이 없다. 오래 타기로 말하자면 참나무를 능가할 나무가 없다. 굵직한 것 몇 토막이면 하룻밤을 지새우고도 남는다. 타는 모습이 아름답기로는 두말할 것 없이 사과나무다. 연기도 없이 발하는 푸른빛은 그야말로 몽환적인 상상의 세계로까지 이끌곤 한다. 뭐니 뭐니 해도 장작의 서순을 정하자면 단연 '일송정 푸른 솔'이다. 나무를 팰 때 쩍쩍 갈라지는 낫도 그렇고, 특히 송진 타는 냄새는 어디서도 맛볼 수 없는 불의 매력이다.

모닥불에는 수많은 인생 여정의 희로애락이 담겨 있다. 초저녁엔 방향감각 없이 심술궂게 부는 바람에 이끌려 불티와 연기로 눈물범벅을 만들기 일쑤다. 마치 하는 일마다 꼬여 갈피를 잡을 수 없이 비틀거리는 주정꾼 수렁골 아저씨의 인생 같다. 하지만 자정 전후쯤이면 언제 그랬냐는 듯이 엄숙할 정도로 절정에 이르는 고요는 그저 성스러운 불의 축제가 된다. 은빛 모래 반짝이는 섬진강의 물결만큼이나 넉넉한 베풂의 미덕을 보여주신 약방 할아버지의 미소가 떠오른다.

기세등등해서 도저히 꺼질 것 같지 않던 정열적인 불도 새벽녘이면 한 줌의 까만 재로 남는다. 허탈한 마음으로 공수래공수거의 의미를 다시 한번 새겨 보는 순간이다.

늘 피우는 모닥불이지만 피울 때마다 여러 모양으로 설계를 하기도 한다. 마음이 여유로운 날이면 공을 들여 우물 정井 자로 장작을 쌓을 때도 있고, 모험을 하고 싶은 날이면 대보름 달집을 쌓듯이 통나무를 거꾸로 세우기도 한다. 우물 정 자의 모닥불은 세련미가 있고 화려하며, 달집은 따뜻하고 웅장하다. 바람이 좀 불어도 굴뚝의 역할을 해주는 맨 윗부분이 있어서 고통스럽게 눈물 흘리는 일이 거의 없다.

대부분은 장작의 품질에 상관없이 손쉽게 피울 수 있는 모닥불의 기본형을 선택하곤 한다. 누가 뭐라고 해도 모닥불의 진수는 장작 끝을 얼기설기 놓고 자연스럽게 태우는 수순한 모습이 아닌가 한다. 화려하거나 웅장하지는 않지만, 어느 정도 타고나면 다시 서로 함께 어우러지도록 잇대어 줄 수 있는 장점이 있다.

서로 의지하지 않으면 불은 붙지도 타오르지도 않는다. 아무리 굵고 질 좋은 장작이라도 혼자 떨어져 있으면 좋은 화력을 기대할 수가 없다. 상대에게 도움을 주고 디딤목이 되어주어야 만이 활활 타오른다.

우물 정 자와 달집 모닥불 같은 화려하고 웅장한 삶은 아랫부분이 깊숙이 타들어가 무너지면 다시는 제 모양을 잡아 일어설 수가 없다. 그에 비해 어디서건 서로 머리만 맞대면 오순도순 피어오르는 작은 모닥불은 생명이 다하는 순간까지 한결같은 모습이다.

서로가 서로를 의지하며 함께 타오르는 작은 모닥불이고 싶다.

미완未完, 그 영원성

문밖출입을 멈춘 지 보름도 훌쩍 넘었습니다. 코로나 역병은 공포를 넘어 온 세상을 고립으로 몰아넣고 있습니다. 선생이 학생을 만나지 못하는 생활은 하루하루를 종잡을 수 없는 허둥거림으로 보내게 합니다. 다만 지금의 상황이 유한할 것이라는 믿음만이 견딜 수 있는 버팀목이 되어주고 있지요.

넘어진 김에 쉬어간다고 어렵게 맞이한 방학과 함께 모처럼 혼자만의 오롯한 시간입니다. 다행히 마스크 없이도 마음 놓고 배회할 수 있는 마당이라는 공간이 있어서 낮에는 해바라기, 밤에는 별바라기에 날짜를 세는 것도 잊어버렸습니다. 대숲을 헤치고 지나가는 바람 소리도, 언덕 위 갈참나무 끝에 걸린 구름자락도 어느 때보다 자별합니다.

이럴 때 음악이 빠질 수 있나요. 감성적으로 가장 치열한

결투를 했던 청년 시절의 음악을 소환해다가 며칠을 같이 했습니다. 간간이 흩뿌리는 눈발과 함께 몽롱하게 변해버린 잿빛 날씨 탓이겠지요. 오늘은 '드뷔시'입니다. '달빛'으로 시작한 잔잔하고 몽환적인 그의 선율은 산을 넘고 물을 건너서 세상을 가득 채우고도 남습니다.

곡이 바뀌고 몇 소절이나 이어졌을까요. 깜짝 놀라 벌떡 일어섰습니다. "전설 따라 삼천리!". 분명 성우 유기현 님의 능란한 목소리를 감싸던 그 아름다운 멜로디입니다. 서둘러 검색을 했더니 MBC 라디오 연속극 '전설 따라 삼천리' 시그널 음악으로 프랑스 인상주의 작곡가 드뷔시의 '작은 모음곡' 중 '조각배'가 틀림없습니다. 귀신, 구미호, 도깨비, 늑대 등 온갖 음산한 것들에 둘러싸여 죽음의 순간을 넘나드는 무시무시한 드라마에 그토록 아름다운 선율을 담을 생각을 했다니요. '전설 따라 삼천리'는 인생에서 가장 순수했던 18년의 세월을 울고 웃으며 함께 했습니다. 방영 시간이 밤이었고 늘 모여서 청취를 했으니 가족 공동 추억이 되는 셈이기도 하지요.

현실의 장벽으로 인한 좌절과 운명론적 비극. 세상 속에 남겨 놓은 안타까운 그 비극의 흔적들을 가슴으로 안으며 어지간히 동동거렸습니다. 주인공들이 맞이하는 죽음이라는 다른 세계를 상상해 보기도 하고 사무친 이별의 정한에 몰입하여 몸을 떨기도 했습니다. 그 무엇보다 마음 졸였던 것은 미완(죽음)으로 맺는 아슬아슬한 결말이었습니다. 금기사항을 어겨서, 부과된 과제 해결의 기한을 넘겨서 결국 완결되지 못하고 대신 남기게 된 바위, 산, 꽃과 같은 여러 상징물은 인간이 또 다른 희망을 품을 수 있는 생명력으로 재탄생되더군요.

전설에서의 좌절은 비장함을 낳고 그 비장함은 영원을 향해 꿈꿀 수 있는 신비한 힘을 줍니다. 죽음이 없는 무한한 시간을 갈망한다는 것은 거꾸로 인간에게 주어진 시간의 유한성을 자각한다는 의미이기도 합니다.

라이너 마리아 릴케의 시집 『두이노의 비가』가 생각납니다. 릴케는 유한한 시간 속에서 늘 미완으로 살아가는 인간의 삶을 죽음도 고통도 없는 완전한 결정체 천사에 비추어 그리고 있습니다. 우리는 천사와 달리 완전하지 못하기 때문에 인간임을, 아니 그 개별성을 인식해야 함을 말함이겠지요. 시간의 유한성을 알고 자신의 죽음을 예기하며 살아가는 유일한 동물인 인간. 죽음이라는 미완의 좌절이 있기에 순간의 아름다움, 관계의 소중함, 탄생의 기쁨 같은 삶의 최고의 순간들을 맞이할 수 있다는 것은 누구도 부인하지 못합니다. 그것은 고통까지도 감내할 수 있는 명약이 되는 셈이지요. 과거를 기억하고 현재의 삶을 소중하게 여기며, 미래의 상상을 꿈으로 엮어 가는 시간이 존재하는 한 현재뿐만 아니라 과거도 미래도 영원할 수 있음을 조금은 알 것 같기도 합니다.

영원을 꿈으로 꿀 수밖에 없는 인간이 현재를 살아간다는 것은, 유한한 미완의 시간 속에서 영원의 시간을 그렇게 만들어 가는 일이 아닐까요.

세월

먹고, 자고 또 늘어져 있기를 종일 되풀이하고 있다. 천성이 늘 움직이며 뭔가를 해야만 하는 남편까지 심신을 놓고 멀거니 있는 것은 큰 변화다. 애초에 약속이라도 한 듯이 무엇을 해보자는 제안 한마디 없이 하루를 보냈고, 도드라지게 한 이야기도 없다. 서로가 있는 듯 없는 듯 조금도 불편하거나 거슬림 없이 집안의 필요한 공간만을 조용히 넘나들었다.

생김새가 전혀 다른 가구라도 오래도록 함께 두면 빛바래고 남루하지만 그럭저럭 어우러지듯, 쉽지 않은 세월길을 나란히 견뎌온 가구 같다는 생각이 든다. 어느 하나를 들어내려 해도 그 더께의 미더움과 순연함에 번쩍거리는 새것으로는 오히려 우스꽝스러워 그대로 둘 수밖에 없는….

시간은, 누굴 위해 특별히 머물러주지도 않거니와 그렇다고 혼자서만 질주하는 법도 없다. 은발로 나부끼는 머리칼, 닳고 낡아 삐걱거리는 몸뚱이, 훈장처럼 새겨진 주름살들이 바로 시간에 묶여오며 생긴 상처의 흔적들이다. 어깨며 다리며 아픈 곳을 서로 늘어놓다 보면 그렇게 호흡이 척척 맞은 적이 있었나 싶다. 그럴 때마다 '세상의 부부들 중 세월 앞에서 어느 한 사람만 흐르고 한 사람이 멈춰있다면'이라는 말도 안 되는 가정을 해보다가 소스라쳐 도리질을 한다.

동병상련, 이심전심은 꼭 부부뿐만이 아니더라도 우호적 관계의 다리를 놓아주는 최상의 조건이다. 상대와 나의 동병을 알고 이심전심하는 데에는 서로를 탐색해가는 과정이 있어야 한다. 울고 웃으며 함께 나눈 경험이 아니고는 불가능한 일이다.

가슴이 훈훈해질 만큼 다붓하고 끈끈함을 나타내는 말속에는 하나같이 기나긴 세월이 숨어있다. '조강지처', '죽마고우', '소꿉친구' 등등. 상대나 나나 완전하지 못할 때부터 함께해 서로의 방식대로 길들이며 쌓은 시간의 결정체라고나 할까. 마음을 모아 공유한 작은 순간순간들이 모여서 강물 같은 세월을 만들어낸 것이다. 그 긴 세월은 책임과 의무를 뛰어넘어 하나의 의미가 되고 그 의미는 영원히 지워버릴 수 없는 그리움으로 각인이 되어 찍힌다. 그렇게 해서 생긴 그리움은 그 누구로도, 그 무엇으로도 그 자리를 대신할 수 없는 오직 유일한 것이 된다.

부쩍 '시작'이라는 단어가 부담으로 다가올 때가 많다. '시작'은 미래의 불투명한 세월길을 마음 자락에 펼쳐야만 가능하다. 시간에 대한 믿음과 용기가 부족해서이기도 하지만, 길들고 낯익은 곳에서 만났던 그리움들이 쌓이고 쌓여 새로운 것을 품어 안을 마음 공간의 여유가 없어서일지도 모르겠다. 그 양과 농도 또한 세월에 실려 무럭무럭 자라는 것일까. 분노나 슬픔 앞에서는 여간해서 끄떡도 없던 것이 유독 가슴속 그리움을 닮은 조촐하고 인정스러운 것들을 만날 때면 눈물로 돌변하여 자꾸만 차고 넘친다.

감사로, 연민으로 오랜 인연들과의 세월길을 유심하게 돌아보는 날이 많다. '더 늦기 전에 그 그리움의 실체에 정직하게 다가가 보리라.' 다짐도 해본다. 잠깐 비켜난 인연이 세월 뒤에 숨어 내 마음의 손길을 기다리고 있다면, 비록 그것이 작은 들꽃 한 송이일지라도 많은 아쉬움으로 남을 것만 같다.

기나긴 시간을 애증에 갇혀 만나지도 못하고 살았던 어느 모자(母子) 이야기를 들었다. 그 아들이 병이 들어 시한부 판정을 받고서야 소원을 물으니 "어머니를 한 번만이라도 보고 싶어요."였다. 어머니는 이미 이 세상에 존재하지 않았으니….

'잊지 못할 이 세상을 놓고 떠나려 할 때/ '저 하나 있으니' 하며/ 빙긋이 웃고 눈을 감을/ 그 사람을 그대는 가졌는가'

어느 노옹(老翁)이 작열하게 인생을 살고 난 후 읊고 간 유명한 시의 일부이다. 행간마다 지난 세월이 늦가을 빈 밭이랑을 훑는 바람이 되어 지나간다.

눈을 감고 더듬어볼 일이다. '그대는 어떤 세월을 살았는가.', '지난 세월 온 마음을 열어 그 누군가와 진실한 소통의 다리를 놓으려 했는가.'

색色 타령

어른들 말에 의하면 어릴 적 나는 퍽 순둥이였다고 한다. 말썽을 일으키거나 잘못을 저질러 크게 꾸중을 들은 일이 기억에 없는 것을 보면 그 말이 맞는 듯도 싶다. 반란 없이 두루뭉술하게 성장기를 보낸 셈이다.

그래서였을까. 평온해 보이는 겉모습과는 달리 늘 채워지지 않아 가슴 깊숙이 앓고 있는 허기虛氣가 있다는 것을 주위 누구도 알아채는 사람이 없었다. 많은 형제 속에서 맏이의 역할이란 마음속의 갈등을 마음껏 풀어낼 수 있는 그런 위치가 결코 못 되었다.

예쁜 것에 대한 끝없는 목마름…. 그 시절 어린아이에게 있어 예쁘다는 기준은 고작 색色이 전부였지만, 할머니나 어머니가 골라주고 만들어주는 그 어느 것도 마음에 차는 것이 없었다. 희끄무레한 포플린 블라우스, 거무죽죽한 책가방, 나무색 그대로인 가무퇴퇴한 연필, 밥상 위의 노르무레한 유기그릇 등등 모두가 싫었다. 옷을 갈아입을 때나 음식을 먹을 때, 또는 학용품을 살 때마다 아무도 모르는 '색타령'을 끊임없이 혼자서 해댔다. 심할 때는 마음에 들지 않는 물건을 만든 사람들을 모두 바보로 전락해버리기까지 했다. 평생 육류肉類를 입에 대지 않는 이유도 순전히 어릴 때부터 시작한 그 색에 대한 선입견 때문이라는 생각을 해본다.

색타령을 하고 난 뒤에는 틀림없이 뒷마당 화단으로 달려가 형형색색 꽃들 속에 앉아 상상의 나래를 펴곤 했다. 파란 가을 하늘 한가득 오색 코스모스를 하늘하늘 흩뿌린 다음 한 자락 베어내어 동화책 속의 공주들이나 입는 드레스를 만들어 보기도 하고, 붉게 타오르는 노을빛에 할머니의 흰 무명 저고리를 푹 담가 발그레하게 물을 들이기도 했다. 상상으로만이 아니라 자청해서 아궁이에 활활 불을 지폈던 것도, 노랗게 익어가는 텃논에서 한나절씩 지치지 않고 참새를 쫓았던 것도 모두 색타령이 몰고 온 후유증이었다.

어느 날이었던가. 비 온 뒤 앞동산에 영롱하게 떠오른 무지개를 처음으로 봤을 때의 놀라움이란…. 그 일곱 빛깔은 내 인생 두고두고 고운 것을 구별하는 기준점이 되었다. 중학교 입학과 함께 파스텔이라는 미술도구를 갖게 되었을 때의 기쁨 또한 잊을 수가 없다. 미술 시간이 들어 있지 않은 날조차 책가방 안을 지키곤 했던 파스텔은 마음만 먹으면 꿈의 무지개쯤 단 몇 분 만에도 그려낼 수 있었다. 손가락으로 색과 색 사이를 쓱쓱 문지르기만 하면 새로운 색으로 재탄생되는 즐거움은 마치 마법에라도 걸린 것 같았다.

결혼을 하고 내 손으로 살림을 하면서부터는 그야말로 색타령의 정점에 달했다. 계절이 바뀔 때마다 기본 가구들을 제외한 온 집안의 색상들은 그 계절을 닮아야만 했다. 손수 염색까지 해대며 철철이 색깔들로 넘쳐나게 했다. 봄에는 노랑과 그린으로, 여름에는 흰색과 청색으로, 가을에는 황금과 갈색으로, 겨울에는 빨강과 체크무늬 등으로 열심히 자연의 색들을 집안으로 들여놓았다. 혹여 그에 거역하며 반기를 드는 색깔이 존재하면 이단아를 배척하듯 과감히 몰아냈다. 집안 장식뿐만 아니라 식당에서 음식을 먹을 때도 그릇의 색이 마음에 들면 음식 맛과는 상관없이 그냥 즐겁고, 옷을 고를 때도 가장 우선인 것이 색상이다.

근래에는 사람을 만나거나 까만 글자뿐인 책을 읽으면서도 그 색타령이 발동한다. 주변 지인知人들 개인 개인마다 닉네임처럼 이미지화시켜 간직한 색깔들이 존재하고, 세월에 묻혀 가는 인연들을 회상할 때도 부적처럼 붙여놓은 색깔이 먼저 떠오른다. 책을 다 읽고 난 후의 느낌 역시 색으로 집약시켜 마음에 간직한 다음 책장에 끼운다. 연보라에 밝은 밤색이 섞인, 핑크 가장자리에 연록이 살짝, 진한 황토에 노랑이 아롱아롱 등 단

순한 색깔로 이미지화하기도 하고, 제주도 산방산 앞 유채꽃, 지중해의 물빛, 유리 글라스에 담긴 적포도주, 산벚꽃이 핀 봄산 등 특정 장소나 상황을 대치시킬 때도 있다. 그뿐이랴. 하얀 봉숭아, 연보랏빛 라일락, 초여름 산야의 흰 꽃, 붉은 다알리아, 노란 감국, 가지가지 꽃들을 등장시킬 때는 계절 속을 둥둥 뛰어넘고 다니는 것처럼이나 설렌다.

그리움으로 맺혀 있는 총천연색 영상들을 풀어놓고 회억해 보는 재미도 쏠쏠하다. 이른 봄 햇차를 덖으며 떠오르는 사람, 앵두를 딸 때 떠오르는 사람, 피보다 진한 복분자주를 거르다가 떠오르는 사람, 빨간 연시를 먹으며 떠오르는 사람, 흰 눈이 내리면 떠오르는 사람, 계절 계절마다, 상황 상황마다 색으로 연상되는 그들이 있어서 행복하다. 나를 글쓰기 판으로 인도한 것 역시 천경자 화가의 색감 넘치는 수필집이었다.

짧지 않은 세월, 그렇게 색타령과 함께 색으로 많은 것을 재단하며 살아왔다. 한데 그것이 얼마나 위험한 아집에서 오는 것인지를 이제야 조금씩 알아가고 있다. 색은 스스로 발하는 것이 아니라 빛이 있어서 가능하다는 것을 이론으로만이 아닌 마음으로 받아들이기 시작했다고나 할까. 똑같은 산이지만 아침 산 다르고 저녁 산 다르듯이 빛의 양이나 방향에 따라 시시각각 제 의지와는 상관없이 뒤바뀌지 않던가. 세상에는 그 어느 것도 무엇이라고 확연하게 단정 지을 수 있는 것은 없는 듯싶다.

내 오랜 고질병도 분명 고쳐야 마땅하다. 하지만 나의 색타령은 쉽게 멈출 것 같지 않다. 이 시간도 장롱 깊숙이 간직했던 공단 한 자락을 꺼내 이리저리 몸에 걸쳐보며 또 한 사람을 떠올리고 있다. 겨울 바다를 닮은 짙고 푸른 그 사람을….

밤의 향기

높은 이상을 향해 손 흔들던 희망의 밤이 있었습니다. 마당엔 모깃불 모락모락 피어오르고 하늘엔 별이 있던 밤, 할머니 무릎을 베고 바라본 밤하늘은 신비롭기만 했습니다. 카시오페이아, 황소, 전갈, 쌍둥이 등 수많은 별자리만큼이나 많기도 많았던 소망을 손가락 꼽으며 헤아려 보곤 했습니다. 심연深淵처럼 푸르른 은하수를 건너면 유성이 떨어지는 산 너머 먼 곳까지도 갈 수 있을 것만 같았습니다. 마음 가득 꿈을 담아준 그 밤이 그리울 때면 불현듯 푸른 하늘과 넓은 바다가 보고 싶어집니다.

동화처럼 포근하고 아늑한 안식의 밤이 있었습니다. 초가지붕마다 소리 없이 함박눈 쌓여가던 밤. 호롱불을 벗 삼아 할아버지께서 구수한 목소리로 읽으시던 '심청전'은 어린 우리들의 가슴까지 적셔주었습니다. 생솔가지 지펴 대운 온돌 위에 솜이불 두둑이 깔고, 두 귀를 곧추세우던 그날 밤의 정경은 어머니께서 짜주신 볼그레한 털옷을 닮아있었습니다. 요람같이 편안했던 그 밤이 떠오를 때면 흩어진 부모 형제가 그리워집니다.

나약했던 내게 용기와 모험심을 심어준 밤이 있었습니다. 정월 대보름달이 휘영청 밝아오면 건너뜸 뒷동산에서 달구경과 쥐불놀이에 시간 가는 줄 몰랐습니다. 달이 중천에 걸려서야 집으로 향할 때면 동네 공동 우물에 수염이 허연 할아버지 귀신이 있다는 뜬소문이 생각나 머리끝이 쭈뼛했습니다. 두 주먹을 불끈 쥐고 달리다가 언뜻 뒤돌아보면 나풀나풀 뒤따라오는 제 그림자에 놀라 등줄기엔 식은땀이 흥건했습니다. 내가 내가 아닌 듯 용기가 솟아오르는 그런 밤이면 무조건 나서서 사람 사는 틈에 서고 싶어집니다.

연분홍 꽃가슴에 고운 춘풍 불던 꿈의 밤이 있었습니다. 거울 앞에 앉아 머리 단장을 하며 이유 없는 설렘에 들뜬 사춘기의 밤은, 창밖에서 속삭이는 작은 풀꽃들의 노랫소리도 들을 수 있었습니다.

'새파란 달빛 창에 흐르면 이 마음 어이하리까?

신비론 별빛 곱게 흐르면 소녀는 비옵니다.'

벅차오르는 환희에 몸을 떨며 부푼 가슴을 끝도 없이 일기장에 담곤 했습니다. 바람결에 꽃내음 날려 온 듯 그 밤이 그리울 때면 17세 소녀 되어 핑크빛 연서戀書가 쓰고 싶어집니다.

이승의 저편에 있다는 죽음을 처음으로 생각해 본 슬픈 밤이 있었습니다. 망태만 한 혼불을 앞세우고 아랫집 할머니께서 황천길 떠나시던 날, 밤새 슬피 들리는 상엿소리에 뜬눈으로 뒤척였습니다.

"이제 가면 언제 오나. 저승길은 멀기도 허네. 어허야 어허야."

가슴 한복판에 벽이 막히는 절망으로 섧게 섧게 울었습니다. 무서움에 떨고 있는 동생들의 손을 꼭 쥐었습니다. 피가 흐르고 있는 생명의 소중함을 알게 된 밤이었습니다. 삶의 질곡에서 문득, 그 밤이 떠오를 때면 오히려 강한 생명력이 느껴집니다.

하얀 도화지를 펼친 듯 순결한 밤이 있었습니다. 맑은 미소를 지닌 수녀님에 이끌려 성모승천축일에 참가했던 밤. 제 몸 살라 빛을 주는 제단 위의 촛불은 형용할 수 없는 숭고함으로 마음을 두드렸습니다. 성모님께 헌시獻詩 낭송을 할 때에는 까닭 없이 쏟아지는 눈물 속에서 하얀 무명베 같은 삶을 살고 싶다는 소망을 안아 보기도 했습니다. 그 밤이 떠오를 때면, 하루에도 몇 번씩 사랑의 대상을 찾아 마음의 길을 떠나곤 합니다.

서분서분 다가와서 온몸으로 감싸주는 밤의 고요를 좋아합니다. 밝음 속에서 다친 상처들을 치유할 수 있는 밤의 아량을 좋아합니다. 겉몸만 달아 살던 내게, 밤은 그윽함과 은근함의 웅숭깊음 속으로 안내하곤 했습니다. 희망과 안식, 용기의 밤이 있었기에 평화로운 유년이 될 수 있었고, 꿈과 슬픔, 봉사의 밤을 보내면서 메마르지 않은 인정을 배울 수 있었습니다.

수련한 마음으로 기억 속의 밤을 찾아 나서노라면, 어느새 세월을 훌쩍 뛰어넘어 삼삼한 꿈의 길로 접어듭니다. 그리고 또 다른 밤들을 위해 비단실 엮어 가는 직녀가 됩니다.

아버지의 퍼즐

언제부턴가 친정집 거실 탁자 위에는 A4용지보다 조금 작은 퍼즐 하나가 놓여있다. 어머니의 말씀에 의하면 아버지의 것이라고 한다. 아버지는 매일 아침 잠자리에서 일어나시면 먼저 그 퍼즐 세트를 완전하게 맞춘 다음에 식사를 드신단다.

주변에서 연로한 어른들이 가지고 계시는 것을 본 적은 있지만, 아버지와 퍼즐, 그것은 도저히 상관관계가 보이지 않는 물건이다. 퍼즐이라 하면 틀에서 벗어나서는 안 되는, 이미 재단된 공식 안에서 문제를 해결해야 하는 엄격한 것이라고 볼 수 있다.

젊은 시절의 아버지는 당신에게 환경적으로 주어진 호수를 이탈하여 어머니나 우리들에게는 낯설고 무서운 뿐인 거친 바다에 시선을 두고 사셨다. 사람의 바다, 정치의 바다, 이성異性

의 바다에 늘 한쪽 발이 잠겨있어서 많은 시간 우리들을 외롭게 했다. 눈부시게 반짝거리던 아버지의 구두는 항상 외출 중이었고, 혹 돌아온 날에도 댓돌 위가 아니라 말끔하게 닦아진 마루 위에 가지런히 홀로 놓여있어서 식구들과의 거리감을 좁힐 수가 없었다.

대문 옆 살구나무에 연분홍 꽃구름이 피어오르던 어느 봄날, 학교에서 돌아와 보니 벗어놓은 아버지의 구두 옆에 뾰족구두와 양산이 살포시 놓여있었다. 그날 이후, 산골마을 어느 집에도 불지 않는 알 수 없는 기류의 새로운 바람이 우리 집에만 불었다. 그 바람은 묵묵히 부엌일을 하시는 어머니의 가슴을 넘어 우리에게까지 건너오곤 했다.

주르르 동생들…. 고물고물, 우리는 너무 어리기만 했다. 어머니의 마음이나 처지를 헤아린다는 것은 생각할 수도 없었다. 그저 어머니에게서 나지 않는 지분 냄새와 그녀가 내미는 달콤하고 알록달록한 온갖 '마녀의 사과'에 끌려 가끔씩 불투명하게 다가오는 죄의식쯤이야 문제도 아니었다. 어쩌면 아버지의 구두 옆에 새하얀 뾰족구두가 놓이는 날을 은근히 기다렸다는 생각까지 든다. 어느 때는 그녀의 상냥한 미소와 말씨가 미지 세계의 문을 여는 주문으로 느껴져 함께 웃으며 머리를 주억거리기까지 했으니…. 평생을 두고 어머니께 어찌해야 할까.

그렇게 봄이 가고, 계절이 바뀌어도 집안에 드리워진 안개 같은 기운은 점점 짙어만 갔다. 할머니를 필두로 어른들의 심상찮은 눈빛의 수런거림은 계속되었고, 비방이라는 비밀스러운 모사로까지 이어졌다. 어스레한 저녁만 되면 아버지의 베개가 부엌으로 나오기도 하고 셋째 고모가 심각한 얼굴로 구두 밑바닥에 무언가를 바르기도 했다. 정확히는 알 수 없었지만, 언뜻언뜻 들리는 말소리로 충분히 짐작은 할 수 있었다. "앞으로 우리 새끼들을 위해 죽어도 외방 자손은 없어야 해." 옥색 치맛자락을 가슴까지 휘감아 올려 질끈 동여맨 채로 앞산 봉우리를 향해 비장하게 내뱉는 할머니의 한마디는 산을 넘어 하늘까지 울리는 것 같았다. 우리 집안에 '서자庶子 홍길동' 탄생을 막으려는 결의에 찬 몸부림. 아득하게 세월이 흘렀지만, '홍길동'의 친모 '춘섬'의 우리 집 출연은 온 힘을 다해 아버지를 껴안지 못하는 이유가 되어 우리 형제들의 공통적인 아픔으로 남아있다.

칠순 즈음부터였을까. 아버지는 인생 궤도에서 선회하시더니 어머니라는 퍼즐의 명제에 갇히기 시작하셨다. 근래에는 되돌릴 수 없는 시간을 품어 안고 하루하루 구도자처럼 고요히 해넘이를 준비하고 계신다. 당신의 건강이나 치매를 지나치게 걱정하시는 것도 순전히 어머니 때문이신 듯하다.

사람의 한평생이 퍼즐처럼 잘 짜인 인생이면 어떠하며 새처럼 자유로운 인생이면 어떠하랴. 솟고 지는 그 장엄한 순간만은 일출인지 일몰인지조차도 착각할 때가 많지 않던가. 다만 동쪽과 서쪽이라는 방위만 다를 뿐이다. 자연은, 아니 인생은 그렇게 퍼즐 맞추기 한 판이 끝나면 쏟아내어 다시 시작하듯 오는 것이나 가는 것이나 하나의 순환일 뿐이다.

허나, 나를 존재하게 한 부모와의 인연을 영원히 끊어내야 하는 시점에서 그 해넘이가 좀 더 평온하고 아름다웠으면 하는 바람은 세상 자식들 모두의 절실한 소망이 아니겠는가.

시인들의 노래

내 고향엔 맑고 순후한 시인들이 살고 있었습니다. 그들은 자연과 사람들을 사랑했고, 솟구치는 정열을 온몸으로 노래했습니다. 켜켜이 쌓이고 쌓인 한恨이 사무쳐 광인狂人의 몸이 되었지만 그들의 가슴은 늘 따뜻했습니다. 고향 사람들은 심심풀이 삼아 놀리면서도 함께 어우러져 살았고 이웃으로 인정했습니다.

무수한 세월이 흘렀습니다. 세월만큼이나 세상은 많이도 변했고요. 신문의 사회면을 펼치기마저 두려워지는 요즈음, 문득문득 그들이 그리워지는 이유는 무엇일까요. 눈과 귀를 가려버리고 싶도록 주변이 마음에 들지 않을 때마다 어느새 그들의 가슴에서 흐르던 강물이 되어 굽이굽이 휘돌아 갑니다.

I.

내 가슴에는 일렁이는 파란 봄으로 가득 차 있습니다. 어디선가 스멀스멀 물기 섞인 마파람이 불어오면 내 안의 봄들은 꿈틀거리기 시작합니다. 어딘가 환한 세상을 향해 뛰쳐나가지 않고는 견딜 수가 없습니다. 되도록 큰소리로 외칩니다. 멋진 손짓 발짓과 함께 말입니다. 5리는 족히 되는 동산물에서 신흥동까지의 노선路線을 대여섯 번은 오고 가야만이 가슴속의 응어리들이 조금은 고개를 숙입니다.

나는 내 아버지를 닮은 사람들이 좋습니다. 입가엔 항상 미소가 있고, 마음은 따스하고, 다음 끼니의 식량을 만들려고 노력하는 사람들 말입니다. 어린 시절 내가 일하던 두부 공장의 주인은 그런 사람이 아니었습니다. 주인의 구타를 견디다 못한 나는 말문이 콱콱 막히면서 호흡이 정지되는 일이 종종 있었습니다.

아버지께서 돌아올 수 없는 먼 길을 떠나시고 난 다음부터 나는 그 고통으로부터 해방이 되었고, 머릿속에서는 혼미한 아지랑이가 아물아물했습니다. 언제 어느 때고 가슴에 봄바람이 술렁거리면 봄 언덕을 쏘다니는 자유인이 되었습니다.

오늘도 봄의 전령사가 되어 안간힘을 다해 봄소식을 외치고 나니 허기가 져 쓰러질 듯했습니다. 동산물 아주머니는 그런 내 목에 간간이 음식을 넘기게 해주시는 분입니다. 아주머니는 내 아버지를 닮았습니다. 나는 누군가가 구겨 넣어준 지전

한 장을 꺼내어 양초 한 갑과 새우깡 한 봉지를 사 들고 동산물 아주머니를 향해 달려갔습니다. 아주머니 앞에 양초 여섯 자루를 줄줄이 불 밝히고 새우깡 한 봉지를 펼쳐 놓았습니다. 그리고 예를 갖추어 두 번 절했습니다. 아롱거리는 촛불 너머에서 아주머니가 웃으셨습니다. 아니 아버지가 웃고 계셨습니다. 아버지는 평소에 보지 못했던 비단옷 차려입으시고 너울너울 춤추고 계셨습니다.

Ⅱ.

열아홉 나던 봄. 초례청에서 원삼 소맷자락 사이로 남편의 얼굴을 훔쳐본 순간부터 내 가슴에는 숙명적인 해를 하나 품어 안았습니다. 꽃잎 같은 떨림으로 정을 나눈 지 석 달 만에 남편은 애틋한 눈길 한번 던져주고는 군복에 감싸여 사라져갔습니다.

수없이 해가 지고 해가 떴습니다. 한 번도, 아니 한순간도 품어 안은 태양은 기울어본 적이 없습니다. 점점 거센 불길이 되어 가슴에서 머리로 아니 온몸으로 타올랐습니다. 그럴 때마다 불덩이를 꼭 끌어안고 버스 정류장을 향해 종종걸음치곤 했지요. 첫차가 들어오기 전에 도착해야 하니까요. 눈이 오나 비가 오나 15년이 넘게 정류장을 지켰습니다.

가지각색 풀꽃으로 머리를 장식하고 저고리 끝동에도 새색시 적 다홍치마 닮은 고운 천을 주렁주렁 달아 한껏 모양을 부렸습니다. 운이 좋은 날엔 군복을 입은 군인들을 더러 만날 수가 있습니다. 남편도 그들 틈에 끼어 불쑥 얼굴을 내밀 것만 같아 숨을 쉴 수조차 없습니다. 기다리다 기다리다 지쳐 허탈한 어둠이 몰려오면 나도 모르게 입에서는 노래가 흘러나옵니다.

"헤일 수 없이 수많은 밤을 내 가슴 도려내는 아픔에 겨워 얼마나 울었던가 동백 아가씨…"

Ⅲ.

아침 여섯 시에 잠에서 깼습니다. 차림새를 가다듬고 읍사무소로 달려가 '국기에 대한 경례'를 했습니다. 나라가 없이는 내가 있을 수 없습니다. 어렵게 구한 소형 태극기는 왼쪽 가슴에 단정히 붙였습니다.

날마다 해야 할 일이 참 많습니다. 온 거리를 헤매며 쓰레기를 줍는 것도 중요한 일과 중의 하나입니다. 점심시간이 되면 학교 뜰에서 도시락을 먹는 학생들에게 혼식 지도도 해야 하고, 영혼까지 맑게 울리는 시詩도 읊어주어야 합니다. 어린 학생들에게는 마음을 살찌울 수 있는 예술을 많이 접하게 해야 합니다. 학교 선생님들도 이런 생각이 통했는지 내 행동에 대해 묵인해주고 있습니다.

시인이 되고 싶던 내게 법학사전을 진절머리 나게 들려주던 아버지였습니다. 내 머릿속엔 벌레들이 우글거리기 시작했고

끝내는 정신을 조각조각 갉아먹었습니다.

나는 어린 학생들의 정신을 보호해야 할 의무가 있습니다. 바람의 속삭임과 새들의 노랫소리에 귀 기울이게 해야 합니다. 구름이 흘러가는 곳에서 희망의 무지개를 보게 하고, 전설 같은 풀꽃들의 이야기도 들려주어야 합니다. 가을날 푸른 하늘 같은 아이들의 눈망울을 바라보면 마음 가득 맑은 샘물이 차오르는 것만 같습니다.

종이 울리고 학생들이 우르르 교실로 들어가 버리면 나만을 위한 노래를 읊으면서 귀가합니다. 보들레르의 「하루의 끝」 중 내 맘에 꼭 드는 구절을 말입니다.

"시인은 중얼거린다. 드디어
내 정신은 내 등뼈와 같이
열렬히 휴식을 빈다.
가슴엔 서글픈 꿈을 안고서
나는 번듯이 드러누련다.
네 장막 속을 굴러가련다.
오 시원한 어둠이여!"

'바람별 마을' 촌장

"어릴 때 꿈이 무엇이었어요?" 지인으로부터 받은 갑작스러운 질문에 순간 말더듬이가 되고 말았다.

돌이켜보니 자라면서 무엇이 되어보겠다던가 또는 어떤 모습으로 살겠다는 생각을 구체적으로 해본 적이 별로 없었던 것 같다. 산골 마을 딸부잣집 맏이로서 그저 주어진 상황에 최선을 다하는 것으로 허기진 마음의 공백을 메워갔다고나 할까. 가끔 가슴을 콩닥거리게 하는 불투명한 형상들이 밤을 설치게 한 적도 없지 않았다. 그때마다 춘풍에 꽃잎 날려 보내듯 후후- 아프게 불어버리고 말았다.

더 늦기 전에 꿈이란 걸 한번 꾸어보고 싶었다. 진지하게 자신과 대화의 문을 열어보았다. 며칠 만에 응답이 왔다. 가슴 밑바닥에 펼쳐지는 영상들을 자세히 훑어보니 어느 산촌 작은 마을이 총천연색으로 나타났다. 마을 이름은 '바람별 마을'이라고 했다. 고샅 구석구석을 유심하게 살피고 다니는 나는 이 마을 촌장이다. '솔바람 같은 맑은 바람이 불고 별빛이 고운 마을'이라는 뜻도 되고, '별의 상징처럼 희망과 꿈을 간직하고 소망하는 사람들이 사는 마을'이라는 뜻도 있다. 별을 자주 바라보는 촌민들이 사는 마을이었으면 하는 촌장의 바람이 담긴 이름이기도 하다.

20가구쯤 되는 집들이 병풍을 에두른 듯한 산자락 밑에 펼쳐져 있고, 마을 앞 산줄기가 끝나는 지점에는 푸른 호수가 물안개에 싸여있다. 호수를 감싸고 돌아가는 길엔 느티나무, 물푸레나무, 버드나무 등의 거목들이 시원한 그늘을 만든다. 나무숲에서 나와 작은 초등학교로 향하는 길가에는 산딸기들이 붉게 익어가고 있고, 시냇가 초원에는 각색의 들꽃들이 실바람에 춤을 춘다. 앞동산엔 키 큰 미루나무가 다섯 그루쯤 서 있는데 새들의 둥지를 쌍둥이처럼 이고 있다.

산등성이 너럭바위 중에는 '해맞이 바위'와 '해넘이 바위'가 있어서 일출과 일몰을 볼 수 있고, 미루나무 옆에는 '별바라기 동산'도 있다. 사람마다 별자리를 하나씩 가지고 있어서 밤마다 자신의 별이 떠오르길 기다리며 염원과 성찰의 시간을 갖는다. 촌민들이 협심하여 만든 별바라기 동산 야외무대에는 남녀노소가 때를 가리지 않고 옹기종기 모여앉아 이야기꽃을 피운다. 월요일은 마을 공동회의를 하고, 수요일은 '금주의 시詩'

를 외워 낭송 대회를 열고, 휴일 밤에는 모닥불 앞에서 함께 식사하며 가무를 즐긴다.

마을 회의에서 결정된 순서대로 돌아가며 품앗이로 들일을 하고, 한 사람 한 특기 살리기로 만들어진 물건은 별바라기 동산에서 물물교환을 한다. 요리, 염색, 바느질, 도예, 목공 등등의 의식주 문화가 '바람별 마을'만의 독특한 향기를 지니고 있다. 모든 재료들은 마을에서 산출되는 것을 이용한다.

갖가지 야생초들로 차를 달여 오가는 사람들을 접대하는 사랑방 주인이자 촌장인 나는 온 마을이 조화롭고 평화롭도록 세심히 돌본다. 다음으로 해야 할 중요한 과제가 하나 있다. 수시로 마을로 이주를 희망하는 촌민들을 뽑는 심사를 주관해야 한다.

촌장으로서 촌민 모집 요강을 적어본다.

'바람별 마을' 촌민이 되실 분을 모집합니다. 특별한 자격 제한 없이 그 누구도 환영하지만 통과해야 할 몇 가지 요건을 아래에 밝힙니다.

첫째 : 자연의 목소리를 들을 줄 아는 사람
둘째 : 하회탈을 닮은 웃음을 웃을 줄 아는 사람
셋째 : 곡식과 잡초를 구분하고 그들의 생태를 아는 사람
넷째 : 쓰레기를 적게 나오게 하는 방법을 잘 아는 사람

* 심사는 '바람별 마을' 앞 '별바라기 동산'에서 수시로 합니다.

그냥 꾸어본 꿈이 아니라 이런 광고를 낼 수 있는 날이 꼭 왔으면 좋겠다. '바람별 마을'에서 함께 살고 싶은 사람들도 많았으면 한다.

기다림, 그것은

글쓰기와 말하기에 관련한 과목을 학교에서 오랜 세월 가르쳐왔다. 이론 뒤에 따르는 응용 프로그램의 하나로 조선 후기 궁중 도화서 화원이었던 김홍도와 신윤복의 풍속화들을 감상하고 인상에 남는 작품을 골라 여러 유형의 글을 써보는 시간을 즐겨 한다.

두 사람은 분명 같은 시기 같은 사회상황 속에서 활동한 화가들임에도 불구하고 심상의 표현 의도나 색감, 화풍 등에서 무척 다른 독특한 특징들을 지니고 있다. 특히 신윤복의 풍속화는 많은 상상력을 불러일으킬 만큼 은밀하고 신선한 이야기들을 가득 안고 있어서 관심 있게 들여다보곤 한다. 그중에서도 '기다림'이라는 제목의 작품은 컴퓨터 바탕화면에 둘만큼 좋아하는 그림이다.

화사한 봄날의 어느 대가大家 뒤뜰쯤일까. 한 여인이 풍성한 치마 위에 흰색 앞치마를 정갈하게 두르고 담벼락에 기대어 시간이 멈춘 듯 누군가를 기다리고 있다. 살짝 들려있는 왼쪽 발과 길 쪽으로 향한 시선에 긴장과 초소함이 역력하지만, 어쩌지 못하는 그리움과 설렘 또한 온 자태에 가득하다. 뒷짐을 지고 있는 손에는 송낙 하나를 말아 쥐고 있는데 그 송낙에 담긴 이야기만큼이나 흐드러진 버드나무 풍경은 보는 이의 마음속까지 봄바람이 일렁이게 한다. 작품의 시점과 내용이 전혀 다름에도 학창 시절 교과서에서 만났던 유주현의 「탈고 안 될 전설」의 한 장면 속으로 들어선 듯 가슴 밑바닥이 아릿해 온다.

어떤 사연이었을까. 상상의 나래가 여인의 과거만을 넘나드는 것이 아니라 기다림의 실체가 현실에서 잡히는 순간 새로운 서사가 펼쳐질 것 같은 기대감까지 불러일으킨다.

그렇듯 '기다림'은 지루하고 초조하게 멈춰 서있는 시간만은 아니다. 과거와 미래를 넘나들며 꾸는 꿈이고 희망이다. 만남과 시작으로 통하는 디딤돌이며 꼭 건너야 할 다리이다. 삶의 대부분을 사색과 독서로 일관한 신영복 교수 역시 그의 저서 『감옥으로부터의 사색』에서 '기다림은 더 많은 것을 견디게 하고, 더 먼 것을 보게 하고, 캄캄한 어둠 속에서도 빛나는 눈을 갖게 하며 자기 지리를 굳건히 지키게 해주는 단단한 마음'이라고 했다.

사계절 중 죽음의 시간으로 표현하곤 하는 겨울을 견뎌내는 것, 그것이야말로 기다림의 시간이다. 봄이 더욱 찬란한 것 역시 기다림의 시간인 겨울이 굳건하게 자리를 지켜주었기 때문이다.

선인들의 문집에 담겨 있는 시詩들을 살펴보면 유난히 봄을 노래한 작품들이 다른 계절에 비해 상대적으로 많다. 영남의 통유通儒'라고 불리는 퇴계 이황과 맞물려 호남의 '통유'로 지칭되는 고봉 기대승 선생의 작품들도 의아스러울 정도로 봄에 집중되어 있는데 매화에 관한 시들이 특히 많이 보인다. 문인들뿐만 아니라 화가들의 화집에서도 그런 현상은 흔히 나타난다.

유학자, 즉 성리학자들의 학문적 과제는 세상 사물의 이치를 깨달아 그 순리에 충실히 따르면서 살아가는 것이다. 그토록 봄을 찬양하며 노래하는 이유 역시 봄은 인고의 기다림으로 겨울을 견뎌내며 피워올린 희망과 꿈의 결정체이며, 매화는 그 성정을 가장 많이 담고 있는 대표적인 상징물이다. 유학의 근간이라고 볼 수 있는 인仁이 사단仁義禮智의 단서가 되듯 만물을 낳는 봄은 사계절에 존재하는 모든 사물을 관류한다고 보았다. 다시 말해 봄은 여름의 성장도, 가을의 결실도, 또 다른 새봄을 잉태하고 기다림의 시간을 보내는 겨울도 온몸으로 머금고 있다.

세상이 모두 죽어있는 듯 고요하고 쓸쓸한 깊은 겨울 속에 있다 이 겨울이 아무리 혹독하고 추워도 기다림이 있는 한 눈부신 매화꽃을 앞세우고 봄은 반드시 찾아온다. 빛이 없는 동굴 안에서도 밝고 따뜻한 희망을 꿈꾸며 겨울을 이겨내고 있는 동물들처럼 겸손하고 간절한 염원으로 새봄을 기다리리라.

해마다 겨울로 들어서면서, 또는 그 겨울을 보내고 봄을 맞이하면서 어김없이 되뇌는 마음속의 언어가 있다.

'……그리고 겨울이다.'

'그래서 봄이다…….'

정답을 찾아서

심리적으로 불안한 일이 있을 때마다 단골로 꾸는 꿈이 있다. 시험 시간이 다 되어 가는데 교실을 찾지 못해 쩔쩔매며 뛰어다니는 꿈. 예나 지금이나 학생들에게 주어지는 시험은 두고두고 스트레스로 남을 정도로 부담스러운 마음의 짐이다. 학창 시절에 풀어내야 할 일이 어디 시험뿐이겠는가. 친구 관계, 진로 문제는 물론 심지어는 꿈과 희망을 놓고도 선생님들까지 동원해가며 함께 고심하곤 했다.

은사님의 조언에 따라 가르치는 일을 하며 살아간다. 처음엔 배우고 익힌 정답대로 수업하고 평가하면 되리라고 간단하게 생각했다. 한데 사회상황과 맞물려 급변하는 교육 현장은 순간순간 당황하게 하는 일이 예고도 없이 일어나곤 한다. 근래에는 다양성과 다름이란 문제가 특히 중요한 화두가 되어 무엇에 대해 단정하고 명제를 내리는 것은 결코 쉬운 일이 아니다. 더구나 학교 안은 다문화사회에 맞게 다국적의 학생들로 구성되어 있어서 교수법마저도 열린 시선으로 다각적인 문제들에까지 대처해야 한다.

어느 초등학교 방학 과제로 부여된 시험문제를 보고 황당한 기억이 있다. "혼자 집에 있을 때 친척이나 아는 오빠, 이웃 아저씨가 문을 열어달라고 하면?"이라는 선택형 문제의 정답은 "아무도 집에 들이지 않는다."라고 한다. '인간은 믿을 수 없다'가 전제되어야 나올 수 있는 답이며, 우리 정서의 예절교육으로는 도저히 용납이 되지 않는 문제이다. 어떻든 무엇보다 다급한 생활교육이라고도 하고, 여러 끔찍한 사건들을 떠올리다 보면 더 좋은 정답도 없다. 다만 교육 현장의 어려움이 여실히 들여다보이는 문제인 듯해 안타까울 뿐이다.

공부라는 것이 가장 현명한 결론에 도달하기 위해 수많은 가설 속에서 궁리하고 이해하여 실천해나가는 과정이라고 볼 때 교수자보다는 학생의 역할과 입장을 더욱 중시하는 것은 당연한 일이다. 학교 교육의 궁극적인 목표가 참된 인간으로 기르는 데에 있다는 것을 새겨보면 더더욱 그렇다.

예전에 아들아이를 안고 인연이 있는 한 스님을 만난 적이 있다. 스님은 "예쁜 아이를 어떻게 기르실 겁니까?" 하고 물었다. 엉겁결에 "열심히 기르겠습니다." 했더니 "그것은 옳은 답이 아닙니다. 잘 기른다고 하십시오."라고 했다. 당시에는 내

대답이 훨씬 겸손한 의지가 담긴 듯해 납득이 가지 않았다. 그런데 사람의 생장과 교육도 인간의 노력으로는 어찌할 수 없는 세상 만물의 이치가 자연스럽게 적용되어야 가능하다는 것을 세월과 함께 깨닫고 나서야 머리를 끄덕일 수 있었다.

전쟁 직후에 나서 '베이비부머'라는 명칭을 안고 어려운 한 시기를 살아온 세대들이 있다. 그들은 "아이들은 제 밥그릇 제가 들고 태어난다."라는 자기 합리화 적인 어른들의 말에 길들여지면서 '절로 절로' 자라느라 힘겨운 세월을 보냈다. 하지만 어느 세대에 못지않게 나라의 부흥과 발전에 대들보 역할을 톡톡히 해냈다. 사람들은 그 큰 원동력을 두고 '스스로 자기답게 살아낸 힘'의 결과라고 믿어 의심치 않는다.

스스로 그렇게[自然] 될 수밖에 없는 까닭[所以然]에 순응하는 것. 다시 말해 '절로 절로'의 섭리는 선인들에게 있어서도 참된 인생살이의 정답으로 가는 길목쯤으로 여겼던 듯하다. 하서 김인후의 「자연가自然歌」만 해도 시대를 불문하고 꾸준히 회자 되고 있고, 우암 송시열과 송강 정철 등 작가 논란이 많은 작품으로도 유명하다. 그것은 그만큼 사회 전반에 두루 통용되는 사상으로 공명을 일으켰다는 흔적일 것이다.

"청산도 절로 절로/ 녹수도 절로 절로/ 산도 절로 물도 절로 하니/ 산수간 나도 절로/ ……."

중요한 선택의 기로에 부딪힐 때마다 주문처럼 「자연가」를 읊조리는 버릇이 있다. 그러다 보면 신기하게도 집착과 아집이 서서히 녹아들면서 조금은 유여해지는 나를 만나게 된다. 그때를 놓치지 않고 마음의 결정을 내리곤 한다. 흐르는 물과 같이 넘치지도, 마르지도 않은 적절한 답이 되어주길 기도하면서.

진짜와 가짜

"안녕하십니까?"

오후 수업을 위해 서둘러 강의실을 향해 걷고 있는데 건물 입구 쪽에서 일사불란한 외침 소리가 들린다. 다름 아닌 항공서비스학과 학생들이 두 줄로 나란히 서서 드나드는 사람들을 향해 인사 연습을 하고 있다. 비행기 승무원들이 손님을 맞아들이는 모습은 비교도 안 될 만큼 극진한 인사를 받으며 지나가자니 살짝 쑥스럽기까지 하다. 비행기에 탑승이라도 하는 듯한 기분이랄까.

학생들의 머리 모양이나 옷차림은 물론이고 미소 짓는 표정, 자세까지 요리조리 아무리 살펴봐도 의심할 여지없이 비행기에서 갓 내린 스튜어디스의 모습이다. 그들은 전공수업에서뿐만 아니라 각종 교양수업까지도 유니폼 차림으로 참여하여 다른 학생들과 차별화된 자세로 대학생활 4년을 보낸다.

근래 학교 안에서는 그런 이색적인 모습을 자주 만날 수 있다. '웬 경찰들이 저렇게 많을까?' 하고 순간 놀라서 살펴보면 정복 차림의 경찰학과 학생들이 무리 지어 있고, 두세 명만 모여도 열을 지어 절도 있게 걷는 학군단 학생들은 그들이 똑같이 들고 다니는 보스턴백을 열면 책이 아닌 군용장비가 우르르 쏟아질 것만 같다. 아무튼 한창 젊음이 꽃피는 때라서인지 진짜들이 무색할 정도로 멋이 넘친다.

목표로 하는 길을 가기 위해 졸업할 때까지 유니폼은 물론이고 행동까지 실제 현장에서와 다름없이 생활하고 있는 학생들…. 그들은 아직 진짜는 되지 못했지만, 진짜가 되기 위해 그렇게 힘든 시간을 보내고 있다. 가르치는 선생으로 학생들이 사회에 나가 낭비하는 시간 없이 빨리 직업에 임하고, 또 그 일에 능숙한 인재가 되어주기를 바라는 마음은 늘 간절하다. 하지만 다방면으로 가능성을 열어놓고 배우고 경험하는 과정을 거쳐야 하는 것이 학생이기에 조금은 염려가 된다.

아직 미완의 상태로 미래에 펼쳐질 자신의 길을 찾기 위해 가보지 못한 여러 길을 학습하고 탐험해야 하는 시기에 놓여있다는 것이 사회인과 학생의 다른 점이 아닐까 한다. 한데 현 사회는 그렇게 여유 있게 그들을 기다려주지 않는다. 직업전선에서도 가능성을 보고 채용을 해서 점차적으로 진짜를 만들어나가는 것이 아니라 사회에 첫발을 딛는 순간부터 진짜 프로

이기를 강요하고 있다. 더구나 극심한 취업난이 계속되다 보니 평생을 두고 진정으로 자신이 걸어야 할 길인지를 확신하기도 전에 아슬아슬한 외줄 타기에 자신을 맡겨버리는 경우가 허다하다.

진짜가 지녀야 할 기본 소양이나 충분한 성찰 속에서 얻어진 기본정신을 갖추기에 앞서 진짜와 유사한 성과를 올리기 위한 실무 먼저 익히느라 전전긍긍하는 학생들을 볼 때마다 사회의 중심에 서 있는 기성세대들이 그들을 그렇게 내모는 것만 같아 안쓰럽고 미안할 뿐이다. 학교 안의 실상은 사회가 안고 있는 문제들이 거울처럼 반영된다. 몇 년 후에 맞이할 사회생활을 학생들은 늘 대처하며 생활하기에 어쩔 수 없는 현상이 벌어질 수밖에 없다.

요즘 사회 곳곳에는 가짜가 넘쳐나고 있다. 산지가 어디인지 한시도 의심의 눈길을 멈출 수 없는 농수산물로 시작해서, 명품을 모방한 각종 짝퉁, 성분을 알 수 없는 가짜 약들, 심지어 마시는 생수까지 어느 것도 믿을 수 있는 것이 없다. 그중 진짜의 가격이 수백만 원에서 몇천만 원까지 한다는 명품 가방만 해도 길거리 어디를 가든 쉽게 만날 수 있다. 그만큼 가짜가 난무한다는 증거가 아니겠는가. 가짜 중 특품인 경우는 전문가들도 쉽게 구분할 수가 없을 정도로 진짜와 차이가 없다고 한다. 다양한 가방들을 늘어놓고 진짜와 가짜를 알아맞히는 TV 한 프로그램에서 가짜의 감쪽같음에 출연자들마저 놀라움을 금치 못하는 모습을 보고 많은 생각을 했다. 진짜와 가짜의 가격이 10배도 넘게 차이가 나는데 그렇게 구분이 쉽지 않을 만큼의 제품을 만들어낼 수 있다면, 사치 조장에 앞장서기까지 하는 진짜를 과연 장려해야 하는 것이 옳을까.

하지만 어떤 이유로든 도용은 용납될 수 없는 일이며 모방은 영원한 아류일 수밖에 없다. 아무리 진짜를 능가할 만큼 뛰어나다 해도 그것은 흉내에 불과하다. 진짜를 뛰어넘을 만한 능력이 있다면 모방하는 데 급급하지 말고 진정한 나다움을 위해 온 힘을 다해야 한다. 특히 한 시대의 주인공으로 살아가야 할 젊은이라면 더욱 그렇다. 인정투쟁認定鬪爭이란 말은 그런 젊은이들을 두고 한 말인 듯하다. 부모와 형제, 친구, 더 나아가 사회로부터 인정받기 위해 최선을 다한다는 뜻이다. 누군가로부터 인정을 받을 때 느끼는 성취감의 크기는 자신만이 가늠할 수 있는 고유한 감정이다. 흉내가 아니라 자기다움으로 얻어낸, 즉 창의성과 결부될 때 그 성과가 크게 다가오지 않을까 싶다.

마음에서 진실하게 울리는 자기만의 소리에 귀 기울여 스스로 정체성을 쌓아가는 젊은이야말로 세상 어느 곳에서도 당당할 수 있는 진짜 중의 진짜가 아닐까.

2부

비와 세월

여름의 뒷자락을 부여잡고 돌발적으로 찾아온 장맛비. 후텁지근한 대지를 그나마 시원하게 식혀줍니다. 징징하고 지루한 것이 장마라고들 하는데 반기지 않는 손님인 줄은 아는 모양입니다. 연일 보도되는 비의 난폭한 모습은 이제는 더할 수 없는 공포입니다.

기억 속의 비는 늘 설렘이고 기다림이었습니다. 지친 일상을 어루만지며 잠시 쉬어가게 하는 선물 같은 존재였다고나 할까요.

비 내리는 날은 무엇보다 조금은 느슨해진 심신으로 정서의 호사를 누릴 수 있어서 좋습니다. 터무니없는 한 생각에 골똘히 빠져보는 것도, 조금은 벅차다 싶은 이상을 따라 날갯짓해 보는 호기로움도 비가 오는 날엔 어색하지 않습니다.

비의 그런 마력은 철마다 시시때때로 다른 얼굴로 다가와 깊숙이 감성을 적셔줍니다. 수줍은 듯 연초록 잎새 위를 또드르 구르는 봄비는 어린 날의 풋풋함이 떠오르고, 한여름 뭉게뭉게 피어나는 흰 구름을 몰아내고 한바탕 쏟아지는 소나비는 건장한 젊은이의 삶처럼 열정적이고 상쾌합니다. 긴 바바리코트 깃을 한껏 세우게 만드는 가을비는 삶의 뒤안길을 헤매다가 문득 회억의 언덕을 넘는 중년의 중후한 모습을 연상시킵니다. 슬픔도 기쁨도 담담하게 받아들여 승화시키는 완숙미, 그래서 가을비를 비 오는 날의 대표적인 풍경으로 여기는지도 모릅니다.

비 내리기 전, 습기를 가득 머금고 머리채를 나부끼며 갈팡질팡 휘날리는 남풍. 그 마파람이 가량없이 좋기만 한 어린아이의 하굣길은 항상 시끌벅적했습니다. 회오리까지 동반해 마구잡이로 불던 바람 갈퀴에 한두 줄기씩 섞여 떨어지는 빗방울을 맞으려고 동으로 서로 펄쩍펄쩍 뛰곤 했지요. 책가방을 멀리 던져놓고 달리고, 또 던지고 달리기를 실성한 사람처럼 반복하며 깔깔거렸습니다. 인간 본성에 한층 충실해진다는 정신착란 환자가 비 오는 날 헤죽거리며 돌아다니던 모습과, 티끌 한 점 없이 해맑게 껑충거리던 아이의 행동을 연관 지어 봅니다.

유록의 숲에 내리는 오월의 비. 그 빗속을 헤매는 갈래머리 여학생이 있습니다. 눈이 시리도록 푸른 숲에 속삭이듯 토닥 토닥 내리는 빗소리는, 숨이 콱 막혀버릴 것 같은 환희였습니다. 감격에 겨워 “우와! 무지개 빛깔로 비가 내리네!”를 연발했지요. 아름다운 숲과 건강한 청춘과의 만남에 가교역할을 했던 비. 그 눈부신 교감은 굳이 이양하의 ‘신록 예찬’을 들먹일 필요조차 없었습니다.

도심 공원 숲을 적시는 가을비. 대중가요의 노랫말이기도 한 ‘가을비 우산 속’을 동경하는 묘령妙齡의 여인이 있습니다. 비 내리는 늦가을 오후, 은행잎을 닮은 노란 우산을 쓰고 호젓한 공원 모퉁이를 걸을 때면 그 누구도 시인이 될 수밖에요. 불현듯 비를 피해 우산 속으로 뛰어든 사람이 ‘닥터 지바고’에 나오는 ‘오마 샤리프’를 닮아있기를, 아니 그런 일이 일어나 주길 소망하며 한껏 우수에 젖어 들곤 했습니다.

비 내리는 풍광을 예찬하는 불혹의 여인이 있습니다. 밖이 내다보이는 커다란 창문과 푹신한 의자, 그리고 따뜻한 차 한 잔이면 봄비 내리는 긴 하루쯤은 거뜬합니다. 프랑스 여가수의 부드러운 목소리라도 곁들여지는 날은 금상첨화지요. 콩깍지 안에 숨어 앉아 튼실하게 알갱이를 키우는 완두콩의 비밀처럼 혼자서 가질 수 있는 알찬 시간이었습니다.

추억의 비를 맞고 사는 중년의 여인이 있습니다. 뜰 안의 빗소리에 우두망찰 귀만 기울입니다. 달려 나가 흠뻑 젖어볼 생각도, 꿈을 꾸어볼 엄두도 나지 않습니다. 몰려왔던 밀물이 서서히 썰물로 사라져가는 뒷모습이 아득합니다. 하지만 그다

지 쓸쓸하거나 허망하지만은 않습니다. 밀물이든 썰물이든 파도의 파문이나 노랫소리는 여전하니까요.

자연이 부르는 영원불멸의 노래 빗소리. 그 노랫소리만 울려오면 언제 어디서건 연초록 숲이 펼쳐진 세월의 강둑을 서성거립니다. 그리곤 작은 소녀가 되어 고운 목소리로 노래를 부르지요.

"이 비 그치면 내 마음 강나루 긴 언덕에 서러운 풀빛이 짙어 오것다."

막차와 첫차

태생이 시골이라서 중학교 이후부터 집을 떠나 생활을 했다. 그것도 동생들까지 데리고 꾸려가는 자취생활이었으니 일찍이 가장 아닌 가장 노릇을 한 셈이다. 겨우 학용품 구입비에 그치는 용돈은 물론, 식량이나 생필품들은 왜 그리 빨리 바닥이 나는지…. 그것들을 충당하기 위해서라도 토요일이면 어김없이 고향 집으로 향했는데 형제들 모두가 시간을 맞추자면 막차를 타는 일이 대부분이었다.

조부모님과 부모님 곁에서 주말을 보내고 예정대로라면 일요일 저녁때까지는 자췻집으로 돌아와야만 했다. 하지만 새로운 한 주일을 잘 지내기 위해서는 짐 꾸러미 외에 조금이라도 더 많이 채워 와야 할 중요한 것이 있었다. 객지 생활을 하는 어린 자식들에게 베푸는 어른들의 사랑을 마음에 눌러 담느라 매번 월요일 새벽 첫차에 우르르 몸을 실었다.

그렇게 시작한 막차와 첫차를 타는 일은 결혼을 하고 내 승용차가 생기기 전까지 이어졌으니 버스에 어린 여러 기억들은 지울 수 없는 깊은 추억으로 남아있다.

세상일 무엇 하나 이유 없는 것이 없다는 말과 같이 어느새 생긴 습관이 하나 있다. 대부분 사람들이 '첫차와 막차'라고 하는 것과는 달리 평소 나는 '막차와 첫차'라고 일컫곤 한다. 타지로 떠날 때 탔던 첫차보다는 고향 집으로 데려다주는 막차에 몸을 싣기를 늘 갈망했던 마음의 표현이라고나 보아야 할까. 해가 질 무렵, 배고프고 지친 몸을 이끌고 자췻집으로 돌아올 때마다 김이 모락모락 나는 어머니의 밥상을 떠올리며 고향 쪽으로 향하는 막차의 뒷모습을 얼마나 애틋하게 바라보곤 했던가.

막차와 첫차를 이용하는 단골 승객은 어느 정도 정해져 있었다. 통학하는 학생들이 가장 많았고, 다음으로 출퇴근을 하는 직장인들과 5일장마다 옮겨 다니는 장사꾼들 순서였다. 비슷한 공간에 막차나 첫차나 크게 다르지 않은 사람들이 모여 있음에도 그 분위기는 사뭇 달랐다.

일몰과 동무하며 출발해 세상과는 무관한 듯 마냥 어둠 속을 달렸던 막차 안은 정적이 흐르는 시간이 많았다. 자리에 앉아있는 어른들은 눈을 지그시 감고 피곤한 하루를 마무리하고 있었고, 서 있는 학생들마저도 캄캄하기 그지없는 창밖으로 시선을 고정하고 밤이 이끄는 심연 속으로 빠져들었다. 각자 목적지인 안식처에 도달하면 조용히 안도의 미소를 남기고 유순하게 사라져갔다. 그에 비해 첫차는 동이 터오는 햇살을 조명 삼아 펼쳐지는 장사꾼들의 무용담도, 재잘거리는 학생들의 수다도, 어른들의 끊임없는 훈계도 차창 밖의 산자락과 물을 따라 함께 일렁거렸다. 밝은 빛이 있고 에너지가 넘쳐났지만, 호락호락하지만은 않은 삶의 긴장감은 소통 불가의 소음이 되어 버스 안을 가득 채웠다.

젊은 날의 나는 막차와 같은 분위기와 사색을 동경하며 그렇게 살고 싶어 했다. 밤의 향기에 오롯이 매몰되고자 새벽 3시 가까이에야 잠자리에 들었고 계절 중에서도 일몰과 안식의 시간으로 접어드는 가을이 가장 좋았다. 차분히 글을 쓰고 공부를 해야 했던 처지와도 여러모로 일치가 잘되어 그런 생활에 만족하며 지냈다. 모두가 잠들어 있는 시간에 홀로 깨어있는 충만함은 우주 속에 혼자만이 안겨있는 듯한 착각까지 일었다.

어느 즈음부터 생활에 큰 변화가 생겼다. 새벽 3시쯤에 깨어 있는 것은 마찬가지지만 예전과는 전혀 다른 시간이 되어버렸다. 과거의 그 시간은 잠들지 않은 밤의 연장인 막차였다면, 9시 뉴스도 끝나기 전 잠들었다가 깨어난 지금의 시간은 또 다른 날인 새벽 첫차인 것이다. 새로운 날을 위해 이를 닦고, 강의 준비를 하고, 책을 보고, 아침 준비를 하고 첫차 안에서만큼이나 수선스럽고 부산하게 일과를 시작한다.

근래에는 계절 역시 시작과 새로움을 안고 오는 봄이 좋다. 잎도 피우기 전에 화들짝 피었다가 비바람 한 번에 우수수 져 버리는 경망스러움이 몹시도 싫다고 했던 봄꽃들마저 오히려 그 발랄함과 가벼움이 눈물 나게 좋다. 아집과 집착이라고는 찾아볼 수 없는 명쾌함이 늙어가면서 조금은 닮고 싶은 모습이기도 하다.

삶이란 참으로 아이러니하다. 생의 막차를 기다리고 있는 이 나이에야 드디어 첫차의 매력에 흠뻑 취해있다. 잠도 덜 깬 모습으로 어쩔 수 없이 첫차에 올라 최선을 다해야만 했던 젊은 날에는 생각지도 못했던 일이다. 아침마다 바삐 허둥대면서 가장 많이 내뱉었던 말이 "생태적으로 나는 '아침형 인간'은 아니야!"였다. 그때는 이렇게 이른 새벽에 산뜻하게 깨어있는 날이 올 줄은 꿈에도 몰랐다.

사람들은 흔히 그런 변화를 '노인으로 가는 길이다'라고 말한다. 그렇다 한들 어떠랴. '마무리', '고요', '안식', '홀로', '사색'으로 가득한 막차보다는 '시작', '대화', '힘', '소음', '함께', '경쟁' 등 한결 다이내믹한 첫차에 지금이라도 오르게 된 것에 스스로 흐뭇한 박수를 보내고 싶다. 모두가 적막하고 쓸쓸하다고 하는 노후의 생활을 앞에 두고 적어도 고립이 아닌 함께 소통하고자 하는 염원의 울림이 작동하고 있다는 증거라고 믿고 싶다.

이러다가는 내 말버릇까지 서서히 '첫차와 막차'로 바뀔지도 모른다는 생각이 든다. 아무리 그렇다고 해도 내게는 영원한 '막차와 첫차'이다. 지금도 내 마음은 하루에 몇 번씩 고향으로 향하는 막차에 오르고 있으니까….

그곳에 가면

'극락강' 맑은 물소리가 남실바람을 타고 영산강을 향해 줄달음치는 곳. 예로부터 사람 살기에 좋은 곳이었던지 초기철기시대에서 원삼국시대까지의 농경사회를 알 수 있는 신창동 유적지가 근동에 있고, 백제시대의 고분군, 서원, 정려, 폐사지, 정자, 당산 등이 어우러져 이 땅에 흘러내린 세월의 깊이가 다물다물 쌓여있는 곳. 어느 집 사립문이건 불쑥 밀고 들어서면 웃음 가득한 살붙이가 뛰어나올 것만 같은 고향 같은 곳.

광주의 본향이자 관문인 '월계동' 주변은 그렇게 전설 같은 자연 마을들이 극락강을 베개 삼아 도란도란 한 폭의 그림으로 펼쳐져 있었다. 그야말로 잡념 없는 맑은 생명의 소리로만 가득한 땅이었다.

두 번째 가라면 서러울 정도로 한국적인 마을풍경들에 젖어 한때는 극락강물을 거스르기도 하고 함께 따라 흐르기도 하면서 그곳에 서 있는 순간이 참으로 많았다. 이미 '첨단단지'라는 이름을 달고 도시로 탈바꿈한 지도 30여 년이나 흘렀건만, 습관은 쉬 버릴 수가 없는 것인지 지금까지도 간간이 이어지고 있다. 예나 지금이나 핑계는 문화유적 답사지만, 나날이 변해가는 마천루 속에서 눈으로 하는 답사는 슬프게도 이미 끝나버렸다. 다만, 가슴 밑바닥에 고여 불현듯 찰랑거리곤 하는 따스하고 깊은 소리들 때문이라고나 할까.

그곳에만 서면 늦가을 밤 '철커덕 철커덕' 어머니의 베 짜는 소리도, 온 마을을 신명 난 잔치판으로 만들던 '동동구르무' 장사의 북소리도, 생일 때마다 읽어주시던 할머니의 백살경百殺經 소리도, 모이기만 하면 까르르거리던 어린 형제들의 웃음소리도, 봄날 하늘 끝에서 울던 종다리 소리도, 할아버지의 애장품 축음기에서 흘러나오던 춘향전 한 대목도 우련하게나마 피워 올릴 수가 있다.

오늘도 월봉마을 뒤편 월봉서원 옛터를 슬쩍 훑는 것으로 그치고는, 월계月桂, 반월半月, 월봉月峯, 산월山月, 옥토봉玉免峯, 망월봉望月峯 등 달나라에서나 만날 수 있는 지명들에 팔려 또 다른 수많은 소리들 속으로 빠져들었다. 계수나무 밑 옥토끼의 절구질 소리도 듣고, 어린 시절 달맞이에서 외쳤던 "망월이야!" 소리도 몇 번이나 들었다.

되돌아 나오는 길, 문득 고분들이 궁금했다. 겨우 살려놓은 월계동 장고분 2기를 제외하고라도 '칠봉'이라고 해서 일곱 기의 무덤이 함께 있었다고 전해지지 않던가. 섬배미들과 그 유명했던 뚝뫼 자리는 어디란 말인가. 황사 바람으로 희불그레한 들녘 쪽을 망연하게 눈으로 더듬는데 농신제를 지내는 유월 유두날의 농악 소리만이 '쟁- 쟁- 쟁-' 길을 잃고 헤매고 있다.

빽빽한 건물들이 가로막아 코앞도 가늠하기가 어려운 내촌內村을 향해 무거운 발걸음을 옮기려는데 '무양서원' 부근의 유적들이 아른거린다. 끌림은 근원을 향한 본능적인 그리움이었던가. 답사에 빠져있던 시절, 본향이 이곳인 나는 감격스럽게도 조상들을 거스를 수 있는 여러 유적들을 만날 수 있었다. 그 중 '탁송정卓松亭' 터에 있던 당산을 동네 사람들은 '큰당산', '귀향나무'라고 불렀는데 정월 대보름이면 치성을 다 해 당산제를 지내며 마을의 무사와 평안을 기원하곤 했다. 당제에는 당연히 굿판이 따르는 법, 정월 한 달 동안 고샅 구석 구석마다 농악 소리가 끊이지 않았다. 그 이유일까. 개발 직전 이곳에서 발견된 장고가 현존하는 장고 중 가장 오래된 것이라고 한다. 실제로 이곳에는 '장구촌'이란 마을이 있고 학명이 '전방후원분'인 고분을 '장고분'이라 부르며 마을의 자랑거리로 여긴다.

새로운 세상을 위해 헐어버려야 할 예쁜 한옥들이 아까워 발을 동동 구르는 내게 격자 창살에 아기 손바닥 크기의 유리가 붙은 봉칭문을 뚝 떼어 주셨던 할아버지는 어디쯤에 계실까. 이승인지 저승인지 짐작만 할 뿐이지만 그 봉창문은 지금까지 우리 집 거실에서 옛 장구촌의 이야기들을 끊임없이 들려주고 있다. 때때로는 한겨울 된바람이라도 맞은 듯 문풍지를 바르르 떨며 내 등을 떠밀어내기도 한다.

그곳으로 향하여….

빛과 어두움

산천이 온통 적막 속에 잠겨 드는 일몰의 시간. 혈육과 보낸 고향에서의 하루를 접고 다시 일상으로 향하는 길목에 있다. 클랙슨 소리마저 유순해진 차들은 하나, 둘 어둠의 침묵 속으로 사라져간다. 날짐승, 들짐승들 역시 서둘러 둥지에 깃들였는지 간간이 나뭇잎을 스치고 지나가는 바람의 숨소리만이 적막을 깨운다.

하늘은 별꽃들을 피워 올려 지붕이 되어주고, 밝음 속에서는 우뚝우뚝 장엄하게 서 있던 산들도 큰 산이 작은 산을 품어 안아 깊은 심상의 수묵화처럼 선과 색의 경계마저 지워버렸다. 산기슭에 옹기종기 붙어 앉은 사람 사는 마을 또한 그윽한 고요 속으로 스며들고 있다. 불빛으로 전해지는 인가人家의 표정에는 신분이나 빈부의 차이가 없다. 오히려 작은 오두막에서 전해오는 아슴푸레한 불빛이 더욱 정겹다.

창밖 풍경에 좀 더 잠겨 들고 싶었을까. 창문을 내리고 청량한 산천의 호흡을 온몸으로 받아마신다. 얼핏, 길섶에 있던 생명 하나가 헤드라이트 불빛을 피하며 고개를 움츠린다. 모든 것을 품어 안아줄 것만 같은 밤의 아량 속에서도 소외되어있는 누군가가 있다.

주변의 초목들이나 밭곡식들, 어디에도 어우러지지 못하고 머쓱하게 서 있는 촉규화 한 그루. 계절은 가을이 저물어가고 겨울로 향하는 길목에 있는데 초여름에 한창이어야 할 꽃이 어인 일로 눈앞을 스쳐 갔는지. 분명 인가에서 떨어져나와 홀로 어둠 속에 갇혀있는 촉규화였다. 어떤 척박한 환경에서도 꿋꿋하게 꽃을 피우는 것은 물론, 주인에 대한 의리와 절개가 강하다는 속설로 예부터 문사들의 붓끝을 넘나들던 꽃. '화원의 모든 꽃들이 신분 상승과 부귀를 누리기 위해 집을 떠나버려도 대문 옆에 쓸쓸히 홀로 서서 주인이 돌아올 때까지 피고 지고를 반복했다'는 전설의 꽃 촉규화.

그러고 보니 밤길을 달리는 동안 내내 하루를 같이 보낸 동생 생각에 몰두해 있었던 듯하다. 언제부턴가 붉디붉은 촉규화를 볼 때마다 젊은 날의 동생 얼굴이 아릿하게 파고들곤 한다. 나이 30에 남편을 먼저 떠나보낸 동생은 어느 날인가 심한 근시 안경을 벗어버렸다.

"세상이 또렷이 보이는 것이 싫어. 모두가 덤벼드는 것 같아."

동생은 빛이 무섭다고 했다. 그리곤 스스로 어둠 속으로 걸어 들어갔다.

부셔서 눈을 뜰 수조차 없는 빛 속에 서서 두려움에 떨고 있기보다는 어두움에 안겨 치유의 시간을 보내는 동생의 모습을 바라보면서 오히려 안도를 느끼는 순간이 많았다. 언젠가는 건강한 모습으로 걸어 나오리라는 확신 때문이었다.

활활 타오르는 불은, 불꽃이라고도 일컬을 만큼 화려한 빛이지만 가까이 다가가면 상처 중에서도 가장 무서운 화상을 입고 만다. 그런 불꽃이 잦아들어 새까맣고 깜깜한 재로 변했을 때는 자양분이 되어 새로운 생명을 탄생시킨다. 밤새, 해산의 고통에 시달린 어두움의 배를 가르고 새벽이 열리는 것처럼….

삶의 모퉁이에서 잠시 길을 잃고 주춤거릴 때마다 강렬하게 내리비치는 태양에서는 큰 위안을 받지 못했다. 오히려 가물가물 꺼져가는 안쓰럽기 그지없는 것들이 얼마나 많은 힘을 주었던가. 빛이 환희와 희망을 안겨주는 승자의 것이라면, 어두움은 그것들로 이어지는 길목의 초입쯤이어서 아픈 이들의 가슴에는 더욱 먼저 다가서는지도 모른다.

어린 시절의 전래 동화 '해님 달님'에서 친구들은 모두 해님이 되겠다고 했지만, 꼭 달님을 고집했었던 일이 떠오른다. 스스로는 한 줄기의 빛도 가지지 못했으나 해님이 헤프게 낭비해 버린 빛을 모아두었다가 조심스럽게 어두움을 밝혀주던 달님이 무척이나 커 보였다. 그런 달님 옆에는 많은 별들이 모여 있어서 밤하늘엔 항상 잔잔한 평화와 이야기가 피어나고 있었다.

동화 속의 달이 되고 싶어지는 이 밤, 소중하고 사랑스러운 인연의 별들과 함께하기 위해 가속기 페달에 힘을 가한다.

봄이 오는 강변에서

몇 주째 주말이면 봄을 찾아 이리 저리 산천을 누비고 있다. 봄은 중늙은이의 마음까지도 일렁이게 하는 알 수 없는 힘을 가졌다. 한때는 가장 싫어하는 계절을 물으면 서슴없이 봄이라고 대답했다. 진정성 없이 허세를 부리는 것 같은 봄꽃도 싫었고, 청량감 없는 희부연 하늘에 마른 공기만 탱탱 불어대는 봄바람도 싫었다.

언제부터였을까. 허세를 부리는 듯한 봄꽃의 호들갑스러운 웃음에서도, 사춘기 사내아이처럼 어디로 튈지 예측할 수 없는 봄바람 속에서도 싱그럽고 풋풋한 향기가 느껴지기 시작했다. 지금은 가장 기다리는 계절 중의 하나가 봄이다.

황사, 감기 운운하는 식구들 성화에 동장군을 맞으러 가는 차림새지만, 마음만은 한 마리 나비 되어 오늘도 강변으로 나왔다. 차가운 바람결을 등으로 막아내며 강의 흐름을 따라 천천히 걷다 보니 문득 자연의 일원 중에 사람이 가장 게으르다는 생각이 들었다. 더디 오는 봄과는 달리 비가 자분자분 내려주어서인지 강물은 표정도 다채롭게 흘러가고 있다. 강둔치에는 꼬마 야생화들이 가녀린 몸으로 벙실거린다. 냉이꽃, 민들레, 별꽃, 꽃다지, 꽃마리, 제비꽃, 보리뱅이 등등 이름만큼이나 형형색색 꿈결 같은 봄 동산을 펼쳤다. 그 여린 몸으로 어찌 언 땅을 뚫고 나와 모진 바람도 아랑곳하지 않고 저토록 의연하게 피어날 수 있을까.

봄꽃은 그저 화들짝한 벚꽃, 진달래, 개나리, 철쭉 등이 전부라고 여기며, 그 가벼운 해사함과 성급함에 마냥 고운 시선을 보낼 수만은 없었다.

오늘에야 가장 낮은 자세로 엎드려 그 겸손한 모습을 들여다보니 오히려 인간의 겉치레가 부끄러워졌다. 현대인들의 모습은 남녀를 불문하고 화장이나 의상 치레가 자연의 시각에서 보면 변장에 가까운 수준으로 살아간다. 일률적인 기법의 화장과 유행 물결에 휘말린 의상은 개성조차 찾아보기 힘든 행색들이다. 그에 비해 꾸밈없는 민낯으로도 저토록 아름다울 수 있는 야생화들에게 세상의 언어를 모두 동원해 아낌없는 찬사를 보내고 싶다.

강변에는 꽃들만 있는 것이 아니었다. 강물과 둔치의 경계쯤에는 키 큰 풀숲들이 누렇게 변색 되어 가을 황금 들판을 연상하게 한다. 초록들이 앞다투어 피어나는 소생의 봄 풍경과는 아무리 보아도 이질감이 느껴지는 광경이다. 좀 더 바싹 다가가 자세히 살펴보니 지난해 무성하게 우거져있던 갈대의 사체들이다. 그들은 이미 무릎아래 푸르디푸른 새 생명들을 잉태하여 품어 안고 있다. 삶과 죽음이 한자리에 공존하는 보기 좋은 모습이다. 우리 인간 역시 삶을 마치는 최후의 순간까지 절실하게 후손들을 부여안고 그들의 미래를 상상하는 것만으로도 행복해하며 마지막 눈을 감지 않던가. 아무짝에도 쓸모없는 갈대의 주검들이 봄날의 강변에서도 당당하게 보였던 것은 꿈과 희망을 그렇게 옹골차게 안고 있었기 때문이리라.

아프리카의 '스와힐리족'은 사람이 죽으면 '사사(sasa)'의 시간으로 들어가는 것으로 생각한다고 한다. 사사의 시간에서는 육체적으로는 죽었지만, 누군가에게 기억되는 한 아직 살아있는 것으로 여기는 것이다. 그들에게 진정한 죽음은 '자마니(zamani)'의 시간에 들어간 이후부터다. 죽은 자를 아무도 기억하는 사람이 없을 때를 자마니라고 하며, 영원한 침묵과 망각의 시간으로 들어가는 그때를 비로소 죽었다고 하는 것이다. 우리가 죽은 자의 제사를 지내는 이유도 그들이 말하는 사사의 시간을 오래도록 갖기 위한 것일지도 모른다.

강변에 마른풀로 서 있는 갈대들은 마냥 죽은 것이 아니라 지난해 푸르렀던 기억과 미풍에 춤을 추며 즐거웠던 시간을 공유하는 중이었다. 언젠가는 그 기억마저 사라져 어둠의 시간으로 접어들겠지만, 그들의 무릎 아래는 더욱 푸르디푸른 새순들이 자라나고 있어서 바라보는 마음이 그렇게 슬프지만은 않다.

삶과 죽음은 공존한다. 얻은 것과 잃어버린 것 또한 공존한다. 내 마음의 강변에도 어느새 키 작은 야생초들이 앞다투어 피어나고 있다. 그래서일까. 지난날에 대한 후회도, 연민도 마음 한 켠에서 의연하게 나부낄 수 있도록 자리를 내어줄 수 있는 아량이 있다.

길 위에 서서

〈바닷길(橋)에서〉

남편의 고향인 남녘 섬으로 들어가는 다리 위에서 새해 해맞이를 하고 있다. 길다면 긴 결혼생활, 시부모님을 뵈러 갈 때마다 배를 타야만 당도할 수 있었던 곳에 연륙교가 놓여 육지 아닌 육지가 되었다.

배를 타는 것에 익숙하지 않은 나로서는 시부모님과 소통 불능이 생길 때마다 마치 건너야 할 바다 때문인 것처럼 투덜거리곤 했다. 시어머니의 사투리를 얼른 알아듣지 못할 때도, 성향이나 관습의 차이에 부딪혀 답답함을 느낄 때도 늘 '바다 건너'라는 말을 버릇처럼 들먹였다.

생각해보니 섬이라는 특수한 곳에 깊숙이 살고 계시는 시부모님께 스스로 건너가기에는 내 정신의 보폭이 너무 좁았다. 변명할 여지없이 그저 철이 없었다. 부모님께 어떻게든 잘해 드리려고, 시키는 일은 완벽하게 처리하려고, 도리에 어긋남이 없게 하려고 입술이 부르트도록 노력은 했으나 스스럼없이 걸어가 부모님 품에 안기는 자식이 되려고 하지는 않았던 것 같다. 지금이라면 "저 그거 잘 못 해요. 그것은 어머니 특기잖아요."라고 자주 말씀드렸더라면 얼마나 좋았을까. 일곱 명의 동생들을 갈무리하며 자란 맏딸 콤플렉스는 "뭐든 시키기만 해보세요. 저는 못 하는 게 없거든요." 식의 자세로 늘 경직되어 있었고 완전무장 되어있었다. 그런 며느리가 어머니께는 얼마나 편하지 않았을까 하는 생각이 왜 이제야 드는 것일까.

정신까지 맑아질 만큼 검푸르게 밀려오는 바닷바람 너머로 새해의 붉은 해가 얼굴을 내민다. 거친 바다를 뚫고 멀미가 나도록 달려야만 했던 길을 자동차로 10분이면 넉넉할 만큼 육지에서 지척이 되어있다. 배를 타기 위해 오랜 시간 기다려야 하는 지루함도, 자동차를 배에 실어야 하는 어려움도, 그 지겨운 뱃멀미도 이제는 모두 해결되었다. 마음만 먹으면 후다닥 달려갈 수 있도록 멋진 길이 생긴 것이다. 한데 정작 시부모님은 이미 이 세상에 계시지 않는다. 마을 어귀나 다름없는 다리 위에 우리 가족 모두가 함께 모여 서 있건만 이제 아무 소용이 없다.

좀 일찍 이 소통의 다리가 생겼더라면 젊은 날 내 시집살이의 강도도 좀 느슨했을까.

〈등산길에서〉

자주는 아니나 동네 등산로를 오르곤 한 것이 꽤 오랜 세월이다. 도심에서 시작해 구불구불한 밭둑, 논둑, 개울을 두루 거쳐야 하는 정겨운 길이다. 길이 아닌 곳은 가지 말라는 말도 있기는 하지만, 길이 아닌 곳을 용감하게 헤치고 간 사람들이 있기에 수많은 새로운 길이 생긴다. 특히 등산로는 발길이 모이고 모여서 생긴 긴 세월의 흔적이다. 지워지고 남겨지기를 거듭하면서 찍힌 그 작은 흔적들은 우리라는 세상을 만들기도 하고 보다 완곡한 의미가 되어 역사로 이어지기도 한다.

겨울 한가운데라는 계절 탓이었을까. 하산길에 마주치는 '송 교장'의 농막은 그 어느 때보다 허무하고 쓸쓸하다. '송춘관松春館'이라는 현판을 내건 두 평 정도의 쉼터. 등산로 주변에 폐자재를 이용해 손수 움막을 짓고 채전菜田을 가꾸는 송 교장을 만난 것이 벌써 15년쯤 전 일이다. 송 교장의 농막은 유쾌한 성격에 솜씨 좋은 그를 대변하듯 깔끔하고 아기자기했다. 채전 역시 농산물 시험장을 방불케 할 정도로 푸릇푸릇 그림 같은 경관을 이루고 있었다.

자연스럽게 '송춘관'은 등산객들의 기분 좋은 모임 터가 되었다. 그는 늘 너털웃음과 함께 차와 막걸리를 대접하고, 하산길에는 정성껏 기른 채소까지 배낭에 담아 보내곤 했다. 그가 학교에서 퇴직하고 국유림인 등산로에 자리를 잡은 것은 건강한 심신으로 찾아드는 사람들을 마음껏 만나고 싶어서였다.

버릇이 되어버렸을까. 등산길에 오르면 으레 등산로와 송 교장을 하나로 묶어 생각했다. 환한 얼굴과 들뜬 목소리의 송 교장이 영원히 그곳에 머물 것이라고 여겼던 것 같다. 한데 농막에 인기척이 없는 날이 많아지기 시작했고, 다행히 그가 반겨주는 날도 핏기가 사라진 얼굴로 목소리마저 푹 가라앉아 있기 일쑤였다. 그렇게 불과 두 해도 가기 전에 옛 시구처럼 '산천은 의구한데 인걸은 간 곳 없네'를 읊어야만 했다.

탄생을 축복의 순리로 받아들였듯 노쇠와 소멸 역시 피할 수 없는 이치가 아니겠는가. 그래서 우리는 마냥 슬프지만도 기쁘지만도 않은 것이다. 아직은 푸르른 심신으로 등산로에 서 있는 나, 또한 더 푸른 모습으로 내 뒤를 따라올 그 누구…. 그래서 송 교장은 농막의 당호를 '송춘松春'이라 했을까.

〈산책길에서〉

간간이 마실길을 나설 때마다 동네 앞 극락강가를 배회하곤 한다. 강변은 사계四季의 흐름과 표정을 가장 빠르고 곡진하게 보여주는 곳이기도 하다. 배산임수의 땅을 최고의 명당이라고 했던가. 그동안 어등산을 등에 지고 극락강 평야를 품어 안은 채 20여 년이 넘는 세월을 보낼 수 있는 복을 누렸다.

강변 서쪽 언덕에 자리한 '풍영정風詠亭'에 올랐다. 자연의 맑은 바람을 마음껏 즐기며 시를 읊고 돌아온다는 뜻을 지닌 풍영정. 이 정자에는 슬픈 전설이 서려 있다. 이곳 선창 마을에 사는 장씨 처녀와 강원도 소금장수 총각과의 이루지 못한 비련의 사랑 이야기. 해마다 같은 때가 되면 소금 배를 몰고 와서 사랑을 나누곤 하던 정인情人이 어느 해인가부터 돌아오지 않자 장씨 처녀는 기다리다 지쳐 망부목이 되어버렸다.

피맺힌 한원恨怨만 남겨 놓은 전설 속의 애잔한 사랑은 그 흔적을 찾아 헤매는 후인의 가슴까지도 애달프게 한다. 매섭게 휘몰아치는 소한小寒의 된바람 속에서도 여전히 강원도 쪽을 향해 길게 목을 빼고 서 있는 망부목을 언 손으로나마 가만히 쓸어내려 본다.

장씨 처녀가 일깨워준 '인연'이란 단어의 의미를 골똘히 새겨 보며 돌아오는 길, 후미진 골목 안에 펼쳐진 모든 것들에게 정성을 다해 하나하나 눈인사를 보낸다. 아무리 미미한 것들이라도 20여 년을 눈으로 마음으로 다가가고 다가와서 맺어진 인연들이다. 병원, 마트, 미용실, 철물점은 물론이고 온 동네 구석구석까지가 그저 친숙하고 편안함에 고맙기 그지없다.

그런데 언제나처럼 마음 한구석에 도사리고 있는 근원적인 의문은 그대로이다. 내 의지와는 상관없이 알 수 없는 인연의 고리에 이끌려 어딘가로 가고 있다는 생각은 떨쳐버릴 수가 없다.

나는 과연 누구이며, 왜 이 시간에 이 길을 혼자서 이렇게 헤매고 있는 것일까.

하늘

불꽃 섬광이 허공 가득이다. 축포가 펑펑 쏘아 올려질 때마다 와르르 폭포수가 쏟아지기도 하고, 오색 별들이 꽃비가 되어 흩어지기도 한다. 여름이면 날마다 백만 명이 넘는 인파가 모인다는 이 도시의 바다가 열광의 도가니에 빠져있다. 반라半裸의 몸으로 하나가 된 듯 질러대는 함성에 파도 소리마저 묻혀버렸다.

갑자기 하늘이 보고 싶어진다. 어디쯤엔가 달이 떠 있을 것이라는 생각에 머리를 들어 사방을 둘러보았다. 도시의 한쪽 귀퉁이에 스무이틀 하현달이 허여멀거니 빛을 잃고 넋이 나간 것처럼 박혀있다.

인제부턴가 하늘을 향한 인간의 메시지가 이렇게 요란해졌다. 심지어 사랑하는 연인들끼리 만나도 불꽃놀이라는 이름으로 섬찍지근한 섬광을 쏘아 올려 하늘의 평화를 깨곤 한다. 근래에는 '하늘'이라는 단어조차 들어 본 지가 오래다. 신문이나 방송매체를 통해서도 오히려 '하늘'보다는 '우주'라는 말을 쉽게 접하는 것 같다. 그만큼 '우주'는 현대를 살아가는 우리의 미래이고 꿈이라고 할 수 있다. 어린 시절, '암스트롱'이라는 미국인이 달에 첫발을 내딛는 장면을 보면서 얼마나 가슴 두근거리는 상상의 나래를 펼쳤던가.

우주를 향한 인간의 도전이 꿈에서도 설마 하던 의구심을 깨고 우주정거장까지 만들어 냈다. 연구나 탐사를 위해서가 아니라 실제로 순수한 우주여행을 경험한 사람도 있다고 하니 더욱 놀랄 일이다. 만화영화 '은하철도 999'의 상황이 현실에서 재현되고 있는 셈이다. 우주는 그만큼 우리 곁으로 가까이 다가왔다. 나사(NASA)에서는 생명체가 살 수 있는 태양계 외부의 별을 140여 개나 관측했다고 하고, 케플러 연구팀의 일원이고 하버드대 천문학 교수인 '디미타르 시셀로프'는 은하계에 사람이 살 수 있는 행성이 약 1억 개 정도 존재할 수 있다고 발표했다. 머지않아 제2의 지구를 발견해낼 가능성이 있다는 말이다.

우주에 대한 인간의 욕심이 그렇게 광대해질수록 예전에 우리가 하늘을 향해 품었던 꿈과 평화 대신 '정복'이라는 단어가 자리 잡아가고 있다. 긍정적으로 생각하자면 자연 속에서 인간의 위상이 그만큼 높아졌다는 뜻이기도 하지만, '정복' 속에는 약탈과 파괴라는 의미가 담겨 있어서 걱정이 아닐 수 없다. 그 어떤 관계든 협상이 아닌 무력武力은 바람직하다고 볼 수가 없다.

우리는 오랜 세월 '하늘'을 동경하며 살아왔다. 그 '하늘'은 높고 넓은 공간을 뜻하기도 하지만, 경외敬畏하는 절대자로서 '하느님'의 의미가 더 컸다. 우리 선인들에게는 세상에서 가장 큰 욕이 '하늘 무서운 줄 모르는 사람'이었다. 하늘 무서운 줄을 아는 사람들은 분수를 알고 하늘의 질서에 역행하지 않는 삶을 살고자 한다. 하늘에 있는 해, 달, 별이 조금만 제빛을 잃어도, 홍수나 가뭄이 들어도, 바람의 기류가 수상쩍어도 혹여 부끄러운 짓을 해서 하늘이 노하지나 않았는지 조심 또 조심했다. 하늘의 변화와 뜻을 읽어내려고 애를 썼으며 늘 혜택에 감사했다. 하늘을 향해 보내는 메시지 역시 겸손하고 소박했다. 분에 넘치지 않는 소망을 연鳶이나 종이비행기 등에 정결하게 실어 요란스럽지 않게 띄워 보내곤 했다.

어린 날, 하늘을 바라보는 일은 항상 설렘이었다. 양초로 반들반들 윤을 내어놓은 한옥 마루에 머리를 떨어뜨리고 거꾸로 누워서 바라보는 하늘은 그야말로 만화경이었다. 세상에 있는 모든 형상들을 솜씨도 좋게 빚어서 펼쳐 놓는 요술쟁이 구름이 있고, 그 구름을 양 떼 몰 듯 마음대로 다루는 바람이 있었다. 여름밤, 마당의 평상에 누워서 바라보던 밤하늘은 또한 얼마나 장관이었던가. 은하수를 사이에 두고 무수한 별들이 어울려 술래잡기를 할 때면 덩달아 살금살금 숨고 싶었다. 내게 있어 유년의 하늘은 신비로움으로 가득 찬 상상의 궁전이었으며, 희망의 날개를 달고 마음껏 날아다닐 수 있는 꿈의 공간이었다.

도회지 회색 벽에 갇혀 길다면 긴 세월을 바둥거리는 동안 슬금슬금 하늘이 사라져버렸다. 철마다 다채로운 표정으로 감동을 주던 달도, 별도, 구름도 모두 오색 섬광을 발하는 빌딩 숲에 묻혀버렸다. 더 이상 "푸른 하늘 은하수 하얀 쪽배에…"라는 동요를 부르는 아이들도 없고, 하늘을 바라보며 꾸던 꿈도 휘청거리는 '정복'에 휩쓸려 사라지고 있다. 죽고 살고, 이기고 지고, 사고팔고 등등의 단어들에 매몰되어 살아가는 현대인들은 하늘까지 바라볼 여유가 없다. 늘 심신이 피곤하고 바쁘기만 하다.

하늘을 볼 수 없으니 선과 악의 구별이 불분명해지고 순리를 역행하는 사람들이 날이 갈수록 많다. 힘없는 어린아이들과 여자들이, 건강하지 못한 노인들이, 영악하지 못한 선한 사람들이 하루가 멀다 하게 무시무시한 블랙홀에 잠식당하고 있다. '마른하늘에 날벼락 맞아 죽을 사람', 이보다 적절한 말이 있을까. 한데 하늘의 가장 정당한 심판으로 여겼던 그 말조차 과학적인 근거와 원리를 조목조목 대며 세상을 비웃고 있으니 말해 무엇 하겠는가.

'은하수', '달맞이', '달무리', '해맞이', '해넘이', '무지개', '노을', '햇무리', '새털구름', '양떼구름' 등등 하늘이 보여주는 온갖 표정들이 몹시 그립고 보고 싶어지는 날이다.

본향

아침부터 밤까지, 아니 날마다 그냥 쓸쓸하고 슬펐다. 집과 부모님을 떠난 객지 생활. 어른들의 말씀에 의하면 좋은 학교에 다니게 하기 위해서라고 했으나, 겨우 9살 아이가 받아들이기엔 좀 가혹한 생활이었을까. 등하교 때는 물론, 학교에서 공부하고 있는 시간마저도 늘 집과 부모님이 그리웠다.

초여름 어느 날이었다. 선생님의 풍금 반주에 맞춰 노래를 부르다가 드디어 참아왔던 봇물이 터지고 말았다.

"북쪽으로 가면 백두산 남쪽으로 가면 한라산".

단지 고향이 그곳에서 북쪽에 있다는 이유만으로 울보 딱지를 달아야 할 만큼 펑펑 눈물을 쏟고 쏟았다.

점점 빛을 잃어가는 아이의 얼굴을 보다 못한 어른들은 다시 집으로 데려오는 것으로 입을 모았다. 뛸 듯이 기뻤다. 고향의 앞동산을 스쳐 가는 구름과 바람도, 하늘에서 빛나는 달과 별들까지 오직 나를 위해 환영의 노래라도 불러주는 것 같았다. 적어도 한동안은 그랬다.

한데 이상한 일이었다. 객지에서만큼 절실하지는 않았으나 무엇인가가 그리운 것은 마찬가지였다.

'풀 냄새 피어나는 잔디에 누워 새파란 하늘가 흰구름 보면….'

'초록빛 바닷물에 두 손을 담그면 물결이 살랑 어루만져요….'

뒷동산에서, 또는 아무도 없는 조용한 집 대청마루에서 소리 높여 부르는 노래 속의 풍경들이 그리웠고, 아슴아슴 형체도 불분명한 영상들이 고향의 풍경을 배경 삼아 가슴에 고여 들었다. 세상의 아름다운 것들은 실체는 사라지고 환영으로만 남게 되는 것이 아닐까 하는 의구심까지 일었다.

그렇게 시작된 불투명한 향수는 초등학교 졸업 이후 줄곧 객지로만 떠돌았던 내게 알 수 없는 병이 되어 따라다녔다. 한데 결혼을 하고 자식을 키우면서부터는 사랑이라는 거대한 힘에 약간씩 짓눌려가는 느낌이 들기도 했다. 더구나 가끔 애틋한 마음이 들어 고향엘 찾아가 보면 온통 특용작물 비닐하우스로 뒤덮여 사람도 산천도 낯설기만 했다.

마파람 뒤에 폭풍이 따른다고 했던가. 근래에는 확실하게 고향의 실체라고도 할 수 없는 또 다른 형태의 그리움이 의식을 부여잡고 자꾸 흔들어댄다. 조금은 오묘하면서도 자별하게까지 느껴지는. 고향의 정인情人이 보고 싶다거나 하늘빛, 산빛이 그리운 것이라면 어려울 것도 없을 텐데 안개처럼 피어나는 불투명한 영상들이 가늣하게 맴돌고 있으니….

뜻밖에도 아련한 그 영상들을 대면하는 행운이 몇 번 있었다. 시간의 차이가 개입된 착각 현상(대자뷰)이라고들 풀고 있지만, 그렇게 만은 믿고 싶지 않다. 초행길 여행지에서 길옆 아담한 동산을 따라 구불구불 나 있는 오솔길을 본 적이 있다. 마치 꿈속에서 보았던 장면을 현실에서 만난 것처럼 반가웠다. 언제였는지는 모르지만 들꽃을 꺾으며 자주 오르내리던 길인 것처럼이나 익숙하게 느껴져 그곳이 보이지 않을 때까지 뒤돌아보았다. 또 한 번은 유적 답사지를 찾아 헤매다가 무슨 생각으로였는지 발길이 이끄는 대로 걸었다. 얼마만큼 가다 보니 산자락으로 둘러싸인 작은 마을이 보였고, 그 마을 아래쪽에 키 큰 미루나무가 보기 좋게 늘어 서 있는 저수지 둑이 나타났다. 마을의 모습이나 산 모양, 저수지의 생김새, 심지어는 둑에 있는 돌부리와 풀포기들까지도 몸담고 살았던 곳인 듯 애틋했다. 우리 산천의 모습이 비슷한 곳이 많아 그렇기도 했겠지만 그날 그 저수지 둑을 걸으면서 어떤 인연의 근원을 골똘히 생각해보았다.

사람에겐 자신이 태어나서 자란 이승의 고향보다도 더 먼저 인연을 맺은 근원지가 있지 않을까 하는 의문이 생길 때가 종종 있다. 우리 앞에 펼쳐진 세상의 모든 것들은 쉼 없이 돌고 도는 것을 반복하고 있다. 해와 달을 품은 세월이 그렇고, 우주의 법칙이 그렇다. 윤회輪廻의 연속이라고나 할까. 윤회란 차례로 돈다는 의미이고 돈다는 것은 원圓의 습성이다. 인간의 삶도 원을 돌고 도는 것과 같지 않을까. 동그란 부분 중에서 사람이 이승에서 살다가는 부분은 빙산의 일각처럼 아주 작은 부분일지도 모른다. 거대한 빙산에서 기억할 수 없는 곳, 물속에 잠겨있는 과거를 잠재의식 속에서 우리는 늘 그리워하고 있는지도…. 그곳이 바로 우리가 온 곳이며 돌아갈 곳, 즉 귀착지인 영원한 본향일 것이라는 상상도 해본다.

죽음은 우리에게 슬픈 것으로 받아들여지지만 그것 또한 이승의 인연들과 이별의 슬픔일 뿐이지 돌아가는 자者의 슬픔은 아닌 듯하다. 돌아가는 자는 언젠가는 가야 할 원점으로의 자연스러운 회귀가 아닐까.

존재하는 모든 것들은 자신의 외로움에 겁을 내며 살아간다. 끊임없는 관계를 위해 새로운 시작을 쉬지 않고 찾아 헤매는 이유이기도 하다. 죽음이라는 것이 이승에서의 삶이 끝난다는 의미이고 보면, 우리가 저승이라고 부르는 그곳은 죽음의 절망에서 붙잡을 수 있는 단 하나의 희망이요 꿈일지도 모른다.

누구도 동참할 수 없이 혼자서 가야 하는 죽음의 길목에서 끝과 시작의 관계를 맺어주는 유일한 곳. 바로 그곳이 우리가 상상하고 있는 것보다 몇 배나 아름다운 곳이었으면 하는 바람은, 인간이 죽는 순간까지 놓아버릴 수 없는 간절한 소망이 아닐까.

과수원에서

봄빛이 완연하니 농원의 일손이 바빠졌다. 거름 넣어주랴, 가지치기하랴, 병충해 방지하랴 부산하기 그지없다.

헤살헤살 손짓하는 봄바람 탓이었을까. 덩달아 감나무밭으로 나왔다. 가지치기나 해볼까 해서 전지가위를 들고 나섰는데 막상 자르려고 보니 앞이 캄캄하다. 동네 아저씨로부터 일장 연설을 들었건만 별 소용이 없다.

어린 감나무가 심어진 조그마한 밭쯤이야 문제없이 가꿀 수 있노라고 장담을 했었다. 한데 해가 갈수록 점점 그 생각이 무너져간다. 분재로 착각할 정도로 공들여 키워놓은 옆 과수원의 과목들을 볼 때마다 그저 감탄에 감탄만을 연발한다. 건장한 병사들이 열병식을 하듯 질서 정연하게 줄지어 서 있는 과목들. 그에 비해 우리 밭은 하늘만 보고 웃자라버린 나무,

자르지 말아야 할 가지를 잘라버려서 기형이 되어있는 나무, 병에 걸려 말라가는 나무 등 꼴이 말이 아니다. 건강도, 습성도 제대로 챙기지 못한 비루먹은 망아지들 꼴이다. 반듯한 남의 자식들 속에 못나기 그지없는 내 자식 끼어놓은 것만 같아서 부끄럽기 그지없다.

마냥 부럽게만 보아왔던 옆 과수원을 오늘은 마음먹고 요리조리 둘러보았다. 유심히 살펴보니 분명 그것은 우리가 흔히 보는 나무들이 아니었다. 마치 나무 로봇들의 전시장에라도 온 듯하다. 억지로 다듬고, 휘고, 늘려서 만들어 놓은 인간의 수공품이라고나 할까. 자유롭게 숨을 쉬며 자라는 나무가 아니라 단지 열매가 매달리기 좋게 일률적인 모양으로 만들어 놓은 복제품들이었다.

순간, 죽 늘어선 나무들 사이로 우리 아이들의 힘겨운 모습이 아른거리는 것은 왜일까. 속성으로 키우기 위해 화학 비료를 듬뿍 주고, 면역이 생길 틈도 주지 않고 농약을 치고, 개성을 창출하기 위해 삐죽삐죽 옆길로 나오는 가지들은 미련 없이 잘라내어 주인의 의도 대로 키워지는 과목들. 봄볕에 한눈팔려 잔가지를 좀 더 뻗어보려 하면 어김없이 차단하고 동서남북 두루 만능선수를 만드는 것이 목표인 작금의 교육. 이해타산만을 위해 가꾸어지는 과목들이나, 어른들의 의도대로 길들여 키워지는 아이들의 모습이 다를 게 무엇이란 말인가.

요즈음 초등학생들을 보면 작은 어른을 보는 것처럼 성숙하고, 기능적으로도 여러 방면에 달인의 경지가 된 아이들이 많다. 어른과 달인…. 그것은 기나긴 세월과 경험이 내면으로 쌓이고 쌓이며 생긴 나무의 나이테와 같은 것, 바로 삶의 훈장이요, 본보기이다. 어디 흉내나 기능의 뛰어남만으로 될 수 있는 일이겠는가.

갑자기 하얀 파도 자락을 몰고 오는 듯한 바람 소리가 들려온다. 울릉도 해변의 어느 기암괴석 사이에 서 있는 해송海松 한 그루의 신비로운 자태. 비뚤비뚤 올라가다 태양을 향해 송엽松葉을 부채꼴로 활짝 펼친 모습은 신이 주신 최고의 걸작품이다. 인간의 힘으로 그 고고한 아름다움을 어찌 만들 것인가. 일부 사람들이 분재라는 이름으로 나무들을 억지 기형으로 만들어 그 해송의 모습을 흉내 내고들 있다. 모양새야 엇비슷하게 만들 수도 있겠지만, 태양과 바람과 바다와 함께 지낸 세월의 이야기들을 온몸으로 속살대는 그 청정한 정기는 어찌한단 말인가.

비바람에 시달리며 최소의 영양분 섭취와 스스로 면역성을 키우며 자란 나무는 오랜 세월 우리에게 시나브로 기쁨을 준다. 옛 선인들은 뜰 안의 매화 한 그루도 되도록 살쪄 있지 않으면서 가지마다 독특한 개성과 세월의 흔적이 가득 담겨 있는 나무를 상품上品으로 쳤다.

눈부신 햇살 속에서 봄바람에 하늘하늘 춤을 추는 감나무 가지들을 바라보면서 손에 들려있던 전지가위를 차마 놓아버렸다.

청청한 웃음소리가 넘쳐나는 오월의 들녘, 초록은 점점 윤기를 더해가고 있다.

봄이 오는 뜰에서

춥다고 움츠리며 빈틈없이 여며두었던 두꺼운 커튼을 활짝 열어젖혔다. 창틀에 걸쳐 넘실거리던 햇살을 따라 싱그러운 봄바람 한 자락이 와락 밀려든다. 온 집안이 힘찬 소생의 소리로 출렁거린다. 거실 창가의 난초[蘭] 화분에서도 신비로운 생명의 기척이 있다. 그 여린 잎으로 거친 난석을 어찌 뚫을 수가 있었을까.

지난겨울 폭설로 인해 울음터로 변해버렸던 시골집 마당이 떠오른다. 겨울엔 할 일도 딱히 없고 춥기도 해서 발길이 뜸했다.

밖으로 뛰쳐나가지 않고는 견딜 수 없게 하는 순간들이 계절마다 몇 번씩은 찾아오는데 그것은 꼭 바람의 기척 때문이다. 품 안으로 파고드는 꽃샘추위에도 아랑곳없이 온화한 빛과 생기를 실어와 만물을 소생시키는 우수와 경칩 무렵의 바람 냄새. 그 미풍의 일렁임은 마음을 뒤흔드는 신비의 마약 중 하나다.

시골집으로 향하는 길, 먼빛으로 보이는 산들이 잿빛의 겨울잠 속에서 깨어나 기지개를 켜고 있다. 보랏빛, 분홍빛, 노란빛, 초록빛 등 온갖 색을 품어 안고 햇빛과 눈맞춤하고 있는 봄 산의 은밀한 모습. 봄이 짙어질수록 피워내야 할 색깔을 고르느라 궁리도 많아지겠지.

폭설에 찢기고 부러져서 피 울음을 흘리고 있을 줄만 알았던 시골집 마당도 어느새 흔연한 얼굴로 새봄을 맞느라 분주하다. 홍매와 청매, 산수유, 목련, 개나리는 바빠 죽겠다는 표정으로 봉긋한 꽃망울들을 머금고 있고, 감나무, 은행나무, 석류나무, 명자나무 가지에도 마디마디 새순을 피우기 위한 작은 잎자루를 매달고 있다.

피해를 가장 많이 입어 제 수형을 잃어버린 소나무의 동태를 조심스럽게 살펴보았다. 서둘러 달려온 이유도 소나무 때문이지 싶다. 상황에 따라 날렵한 몸으로 대처하고 있다가 요염하게 헤살거리며 새순을 잉태하는 다른 나무들에 비해 확실히 둔탁하고 우직하다. 눈치 빠르게 시류에 적응하지 못하고 꿋꿋하게 제 모습을 지켜내려 하는 것이 그렇게 힘든 것일까. 부러진 상처마다 자생의 치유제인 송진이 가득 고여 있다. 그 자리엔 새로운 옹이가 아프게 아프게 박힐 것이고 봄이 좀 더

깊어가면 새로운 순도 돋아나리라.

상처에 옹이가 박히고 새움이 돋아나는 모습을 가슴 졸이며 십여 년 동안이나 지켜본 지난날이 있다. 나이 서른에 홀로된 여동생은 가지는 물론 휘청휘청 뿌리소차 뽑혀 나갈 듯한 나무로 살았다. 휘몰아치는 눈보라 속에서도 두 아이의 이파리 하나라도 다칠세라 정성껏 끌어안고 겨울을 나던 모습이란….

꽁꽁 얼어붙은 몸과 마음으로 겨우겨우 새로운 인생을 시작하고 부모, 형제의 연을 맺은 아이들. 다시 맞은 새봄의 꽃샘바람 속에서 서로의 아픈 곳을 치유하고 옹이를 키워나가느라 부단히 애를 썼다. 상처가 덧날 때마다 자신들의 수액을 뽑아 바르고 발라주며 하루빨리 아물기를 기도하는 나날이었다. 실로 힘든 세월이었다.

얼마 전 나는 그 가족과 만나는 자리에서 감동의 눈물을 흘렸다. 드디어 옹골차게 다져진 옹이 위에 파란 새순이 자라고 있는 것을 마주할 수 있었다. 그 새순은 머지않아 무럭무럭 자라서 멋진 수형을 자랑하는 한 그루의 소나무가 될 것이라는 확신이 들었다.

담 옆에 조용히 서 있는 소나무의 부러진 상처에 가만히 손을 얹어 보았다. 단 한 번이라도 그렇게 절실하게 부족한 부분을 치유하려 노력한 적이 있었던가. 아프다는 엄살 속에 옹이는 고사하고 디져지지도 않은 맨살 위에 서둘러서 허술한 가지만 피우려 했던 것은 아니었는지.

지닌 사연도 생긴 개성도 제각각이지만 하나같이 희망의 새순을 틔우는 일로 일념하고 있는 봄의 뜰에서 수많은 인간 군상을 본다. 지레 피는 것, 더디 피는 것, 아직 펴보지도 못하고 오그라진 것 그야말로 천차만별이다.

필요 없이 존재하는 것이 어디 있을까. 제자리에서 각자의 역할에 최선을 다했기에 조화로운 정원을 이룰 수 있다. 봄을 맞는 이 뜰에서 과연 나는 어떤 모습을 하고 있을까.

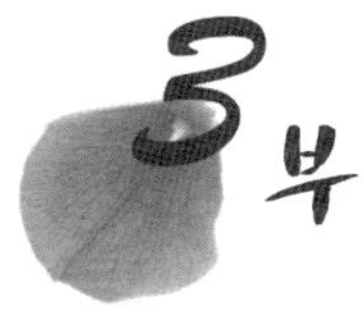

3부

빈 들녘

울부짖듯이 웅웅거리는 비바람 소리에 며칠 밤이나 잠을 설쳤다. 해마다 이맘때의 비바람은 하룻밤 사이 온 들녘을 발가벗겨 버리는 무서운 힘을 가지고 있다. 웬일인지 많은 사람들이 찬사를 던지며 방방곡곡으로 단풍 구경을 떠날 때는 잠잠하다가도 겨울을 재촉하는 비바람에는 잠자코 한 곳에 마음을 둘 수가 없다.

벌거벗은 나뭇가지 사이를 휘돌아 나오는 바람을 맞으며 빈 들판에 서 있노라면, 오히려 안도의 깊은 호흡이 터져 나온다. 실오라기 하나 남김없이 벗어주고도 조용히 기도하는 듯 드러누워 있는 빈 들녘. 가진 것이 없기에 겸손하고 그 겸손에는 새로운 시작을 잉태할 수 있는 넓은 아량이 숨어있다. 예고도 없이 몰려다니는 바람의 심술도 온 가슴으로 쓸어 담고, 어귀에 서서 숨 가쁘게 나부끼는 억새꽃 무더기까지 마지막 생명을 태울 수 있도록 보듬어 안은 모습은 가히 성자聖者의 경지가 이러할까.

휘적휘적 은빛 너울을 출렁거리는 억새꽃을 헤집어 부드러운 솜털을 가만히 얼굴에 대어 본다. 순간, 뭉클하게 떠오르는 언어 하나가 가슴 저 밑바닥으로부터 울컥 토해져 나온다.

'어머니….'

오늘 그토록 빈 들녘을 헤매었던 실체는 어머니 때문인 듯하다. 시가媤家와 남편에게 충실 하라는 말씀이 전부인 걸로 알고 친정은, 아니 어머니는 늘 뒷전이었다. 세상의 모든 어머니들은 퍼내어도 퍼내어도 마르지 않는 샘물 같은 존재라고 편할 대로만 생각했다.

내 어머니 역시 누군가와 마주하면 뭘 해줄까, 뭘 먹게 할까, 어떻게 해야 상대가 편안할까만 생각하며 사신 분이다. 호랑이 같은 남편 수발에 끊이지 않던 손님 접대는 그만두더라도, 시부모님과 시누이 넷, 그리고 자식들 8남매로도 모자라 전쟁고아가 된 친척들까지 건사를 했으니 그 세월이 어찌하셨을까.

맺은 인연이 많아서인지 어머니는 떠나보내는 일도 이골이 나게 하셨다. 시부모님을 정성껏 보내드리고, 시누이 넷과 친척 조카 셋을 짝지어 분가시켰으며, 그 많은 자식들까지 모두 어머니 곁에서 떼어놓았다. 하나하나 보낼 때마다 온 힘을 다하였으나 호들갑스럽지 않고 천연하셨다. 보낼 때 그리하였듯

팔순의 연세에도 자식 중 어느 하나 곁에 있을 수 없는 현실까지 당연하게 수용하신다.

어머니 앞에 서면 바람도 출렁임도 없는 깊고 잔잔한 호수를 바라보는 것만 같다. 어린 나이에는 사람이 어찌 그리 무던하고 한결같을 수가 있을까 하는 의문까지 드는 순간이 많았다. 때로는 감정이 없는 사람처럼 보이기도 했다.

자식이 많으면 아롱이다롱이라고 항상 좋은 일만 있었겠는가. 그럴 때마다 의연하게 헤쳐나갈 수 있도록 서두름도, 나무람도 없이 조용히 인도하셨던 어머니. 그 심성으로 인해 형제들이 크게 삐뚤어짐 없이 평탄하게 자랄 수 있었다는 것을 어리석게도 내 자식을 키우고 난 후에야 깨달았다.

당신 곁의 모든 것들을 여름 장마에 쑥쑥 자라게 하고, 가을볕에 잘 여물도록 돕기 위해 평생 부산하셨던 어머니. 추수가 끝나버린 지금, 어머니의 빈 들녘에는 긴 고요가 감돌고 있다.

나는 믿고 싶다. 그 빈 들녘에는 최선을 다했던 세월만큼의 그리움과 꿈이 있어서 그렇게 허무하지만은 않으실 것이라고. 좌절하지 않고 주어진 환경에서 부지런히 뭔가를 찾아 이루어내곤 하시는 어머니의 자생력을 지금껏 보아왔기에 말이다.

어젯밤 어머니의 전화 음성을 들었다.

"독감이 무섭다는데 식구 모두 예방주사를 꼭 맞으렴"

"나는 괜찮다. 너희들이 아플까 걱정이지."

강건한 척하셨으나 어머니의 음성에서 마른 바람 소리가 들러왔다. 구부정한 허리에 마른 장작처럼 가벼워진 어머니. 살면서 어느 때까지만 해도 어머니가 여자라는 사실을 잊고 살았다. 정작, 어머니의 얼굴에서 화장기의 흔적이 완전히 사라지고 난 후에야 오히려 어머니가 나와 같은 여자였음을 통감했다. 젊은 시절에는 종일 손에 물 마를 새 없이 고되게 일을 하고도 밤 세수와 크림 바르는 일을 빠뜨리지 않던 어머니였다.

불현듯 오늘 초겨울 빈 들녘에서 어머니를 만났다. 그리고 겨울의 기나긴 밤을 지새우고 계시는 어머니의 들녘을 바라보고 있다. 그곳에는, 우리들의 유년과 어머니의 젊음이 담겨 있고, 그것들을 그리워하는 마음을 억센 바람 소리로 표현해도 진실한 노래로 들리게 하는 알 수 없는 힘이 있다.

한없이 부드러우면서도 꺾이지 않는 억새꽃 같은 어머니. 그 은근과 끈기로 새봄의 싹을 틔우는 인내를, 나는 오늘 빈 들녘에서 아니 어머니에게서 배운다.

한 어머니의 기도

송홧가루 휘날리고 들판에 보리 이삭 여물어가는 오월입니다. 팍팍한 세상살이에 이리저리 끌려다니느라 잊고 지내던 이 땅의 불효자들이 통한의 사모곡을 부르는 소리가 간간이 들려오는 달이기도 합니다.

지지리도 가난하던 시절, 많고 많은 자식들의 주린 배를 채우느라 손발이 갈퀴가 되도록 들녘을 헤매던 이 땅의 어머니들. 그 시절 오월의 긴긴 해는 어머니들의 휜 허리만큼이나 서럽도록 휘청거렸습니다.

황토밭인지 보리밭인지 분간이 안 될 정도로 보리 색깔이 진득하게 익어가는 유월이 되어야 만이 보릿고개에서 근근이 놓여나 어머니들의 절구질 소리에 힘이 실리곤 했습니다. 정성으로, 아픔으로 보리를 익히느라 봄내 청보리밭 위를 넘나들며 빼꾸기가 그렇게도 그악스럽게 울어 댔는지도 모릅니다.

어우렁 어우렁 빛깔도 고운 고향의 보리 밭둑에서 한 남자의 사모곡을 들었습니다. 이맘때마다 몇 번이나 반복해서 불렀는지 노랫말에도 곡조에도 애절한 그의 혼이 배어있었습니다.

그의 어머니는 농촌에 살면서도 한평생 땅 한 뙈기 가져보지 못한 그야말로 가난하기 짝이 없는 사람이었습니다. 초가삼간도 채 안 되는 오두막에서 남의 밭을 조금 얻어 붙이거나 생선 몇 마리씩을 대아에 담아 머리에 이는 행상으로 근근이 살아갔습니다. 거기다 결혼 후 얼마 안 되어 병이든 남편은 거의 누워서 지내는 신세였으니 병시중에 4남매 자식들 입에 풀칠이라도 시키려면 자신은 굶는 것을 밥 먹듯 할 수밖에요.

어려움 속에서도 어머니의 얼굴에는 항상 미소가 떠나지를 않았습니다. 자식들을 바라보며 입꼬리가 귀에 걸리도록 웃는 것이 버릇이 되어 마을 사람들은 어머니를 '하회탈'이라고 불렀습니다. 무슨 일이든 얼굴 가득 웃으면서 "그렇게나 잘해 놨냐?, 미안허다"가 늘 자식들에게 하는 인사였습니다.

어머니의 힘으로는 4남매 자식들 교육을 도저히 시킬 수가 없었습니다. 한데 아이 적부터 늘 어머니가 했던 "그렇게나 잘해 놨냐"라는 말이 통했던지 하나같이 공부들을 잘해 주었습니다. 장학금을 받고 또 남은 시간엔 가정교사로, 남의 집 심부름으로 각자 학비를 벌며 학교에 다녔습니다. 어머니는 그런 자식들에게 미안해서 평생 옷과 버선을 벗고 잠을 자본 적이 없었습니다. '학비도 못 주는 어미가 새벽에 밥이라도 훈김 나게 먹여 보내야 하는데 늦잠 잘까 두려워서 입은 채로 자노라'고 했습니다. 더구나 잡곡밥은 뜸을 잘 들여서 알맞은 그 순간에 먹여야 하니 마음을 놓을 수가 없었습니다.

고난의 순간들도 세월 뒤로 숨어들고, 드디어 아들이 대학 졸업장을 품에 안았습니다. 운동장 한가운데서 어머니께 학사모를 씌워드리고 넙죽 엎드려 큰절을 올리니 어머니는 "미안허다"를 반복하며 대성통곡을 했습니다. 아들이 교사가 되어 처음 집을 장만해 이사를 하던 날도, 여전히 어머니는 "이렇게나 좋은 집을 샀냐, 미안허다"를 연발하며 뜬눈으로 지새웠습니다.

오두막을 정리하고 아들을 따라 도회지로 나온 어머니는 평생을 쉴 새 없이 놀리던 몸을 그냥 두고 있을 수가 없었습니다. 그렇게 나가게 된 곳이 집 가까운 교회였습니다. 연로한 나이였지만 누구를 위한 일이든 가리지 않고 열심히 일하고 봉사했습니다. 그리고 정성을 다해 감사의 기도를 올렸습니다. 자식들 새벽밥이 늦을까 봐 입은 채로 자던 버릇이 새벽예배에 늦을까 하는 염려로 바뀐 것뿐이었습니다. 새벽마다 2시에 일어나 아파트 벤치에 앉아서 기다렸다가 목사님보다 한발 일찍 당도해 교회 청소부터 하곤 했던 세월이 돌아가실 때까지였으니 삼십여 년에 가까웠습니다. 한글도 깨치지 못한 까막눈에 성경은커녕 찬송가 한 줄도 읽지 못할 텐데 무엇에 그렇게 심취할 수 있었는지 주변 사람들도 모두 신기해했습니다.

한 번은 가까운 이웃이 물었습니다. 하루에도 몇 번씩 하는 기도인데 그 수많은 날 무슨 기도를 그렇게 하느냐고…. 어머니는 여전히 하회탈 같은 웃음을 웃으면서 자신은 날마다 똑같은 기도를 드리는데 죽을 때까지 해도 질리지 않고 할 수 있고, 또 살아 있는 동안은 멈출 수가 없다면서 그 기도를 들려주었습니다.

"하나님 아버지, 오늘도 이 못난 사람을 받아주시서 감사헙니다. 헌 것도 아무것도 없는디 참으로 많이도 살았습니다. 하나님께 젤로 먼저 하고 싶은 말씀은 지가 꼭 잠자다가 그대로 하나님 곁으로 가고 싶제 만은, 그러면 효자인 우리 아들이 너무 서운할 팅게 감기 앓듯이 사흘만 꼭 아프다가 우리 아들이 사주는 약 세 봉지만 먹어보게 허고 데려가 주시기 바랍니다. 죽어서 우리 아들 얼굴 못 볼 생각허면 관 속에서도 벌떡 일어나것제 만은 아퍼서 아들, 며느리 고생시키는 것은 죽어도 못하겄습니다.

다음 올릴 말씀은 우리 아들이 만 군사를 훈육하고 거나리는 바쁜 몸입니다. 내 아들이라서 말허기가 부끄럽습니다만, 그 사람은 못난 나허고는 다르게 참 쓸 짓만 허고 댕기는디 아직 하나님 앞에를 못 나오고 있습니다. 지가 날마다 기도를 허고 있응게 곧 나올 것이니 용서를 해주시고 어찌든지 건강허게 해주시고 우리 아들헌테 배우는 만 군사들도 착허게 자라서 나랏일 잘 허는 사람들 되게 해주시기 바럽니다…….”

며느리, 손자, 친척, 이웃들에 이르기까지 어머니의 기도는 시냇물이 흐르듯 막힘이 없고 진실하고 간절했습니다.

신에게도 한 인간의 욕심 없는 기도는 통하는 것인지 그 어머니는 수를 다하고 정말 병이 난 지 사흘 만에 잠자듯이 이승을 하직했습니다. 또한 아들과 며느리에게는 효부상이라는 선물로 당신이 그들 곁에서 살다간 빛나는 흔적을 남겼습니다.

어머니 말씀대로 쓸 짓만 하고 다니던 아들은 더욱더 발전하여 대학교수가 되었습니다. 이순을 훌쩍 넘긴 아들은 이 모두를 어머니의 은공으로 알고 늘 사모곡을 부르며 살고 있습니다. 어머니의 간절한 기도와 자신에 대한 믿음으로 인해 인생을 살아오면서 어떤 고난도 이겨낼 수 있었으며, 어머니를 생각하면 언제고 행복해질 수 있는 자신은 둘도 없는 행운아라고 했습니다.

“어떻게 그렇게나 잘해 놨냐?”

칭찬에 인색하고 아이에게 끝도 없는 짐을 지워 안기는 이 시대의 한 어미로서 마음 깊숙이 새겨야 할 말인 듯싶습니다.

귀갓길

저무는 해와 동무하며 집으로 돌아오는 길은 늘 종종걸음이다. 오늘처럼 진눈깨비라도 휘날리는 날은 으슬으슬 마음까지 스산하다. 도시의 서쪽 끝에 산과 강물로 둘러싸인 동네. 평소에는 은근히 자랑으로 여기기까지 했는데 이런 날엔 오히려 부담으로 다가온다.

러시아워의 혼잡한 대열에서 벗어나 비교적 한적하고 신호등이 적은 들길로 접어들었다. 조급한 마음에 조심조심 액셀러레이터에 힘을 가해 속도를 높인다. 제방을 따라 하얗게 너울거리는 억새들이 안간힘을 다해 마지막 절규를 한다. 흩뿌리는 눈발인지 풀숲인지 분간이 되지 않는 차창 밖 풍광 사이로 뭔가가 나풀나풀하다가 사라지곤 한다. 순간, 어인 일로 생전의 할아버지 모습이 눈앞에 스쳐 지나가는 것일까. 분명 흰

웃에 이를 하얗게 드러내며 활짝 웃고 계시는 할아버지였다.

정신을 차리고 도리질을 하며 자세히 보니 예닐곱 살쯤 되어 보이는 여자아이가 온몸으로 찬 바람을 막아내며 걷고 있다. 허술한 입성에 갈래머리 사이로 보이는 목덜미 언저리가 시리도록 하얗다. '○○ 유치원'이라고 적힌 가방을 등에 메고 잔뜩 웅크려서인지 몸이 한 줌이나 될 만큼 작디작다. 이 길로 접어든 이상 번화가가 있는 동네까지는 아직 한참을 걸어야 하는데 춥고 늦은 시간에 저 어린것이 무슨 연유로 이 벌판을 헤매는 것일까. 화원이며 주택이며 인가가 전혀 없는 것은 아니지만, 아이가 혼자 걷기에 적당한 길은 결코 아니다. 더구나 엎드리면 코 닿을 정도로 가까운 등하굣길도 아침저녁으로 차에 태워 나르는 것이 요즈음 부모들이 아니던가.

멈칫멈칫 아이 옆에 차를 세워 보았다. 아이는 쳐다보지도 않고 제 갈 길만 재촉한다. 어쭙잖은 모성 때문인지, 아니면 추억의 편린들이 스멀스멀 피어났는지 따뜻한 차 안으로 그 작은 몸을 안아 올려 목적지까지 데려다주고 싶은 생각이 간절했다. 한데 아들아이가 어렸을 적에도 모르는 사람이 차를 타라고 하거나 따라가자고 하면 무조건 거절해야 한다고 입에 침이 마르도록 타이르지 않았던가. 저 아이도 별반 다르지는 않을 듯싶었다. 무엇보다 더 큰 이유는 아이 스스로 해냈으면 하는 고집이 발동했는지도 모른다. 눈치채지 않게 시야에서 사라지지 않을 정도로만 속도 조절을 했다. 그렇게라도 아이와 함께 있고 싶다는 생각에서였다.

어려서부터 집을 떠나 학교에 다녔던 나는 해 질 녘에 집으로 돌아오는 날이 많았다. 내륙 산간에 있는 내 고향은 겨울이면 유난히 눈이 많이 내렸다. 해는 또 왜 그렇게 빨리 떨어지는지 늘 어둡고 무서웠다. 버스에서 내려 십 리 가까이는 족히 걸어야 하는데 책가방을 꼭 움켜쥔 손바닥에 땀이 날 반큼 온 힘을 다해 뛰는 수밖에 방법이 없었다. 그렇게 겨우 비석거리 모퉁이를 돌아설 때쯤이면 눈사람처럼 허연 할아버지께서 우뚝 서 계시곤 했다.

"할아버지!"

있는 힘을 다해 할아버지 품에 얼굴을 묻을 때처럼 천하를 얻은 것 같았던 순간이 또 있었을까. 행여 눈에 발이라도 빠질세라 앞장서서 연신 길을 헤치시던 할아버지.

이 늦은 귀갓길에 왜 저 여자아이 옆에 돌아가신 할아버지 환영이 보였을까. 아이에게도 할아버지처럼 든든한 마중꾼이 있었으면 좋겠다는 간절한 마음에서였을까.

동동걸음을 하던 아이가 어느새 동네 모퉁이를 돌아들고 있다. 차를 옆으로 슬그머니 붙이고 보니 새하얗던 목덜미며 콧잔등이 새빨갛게 얼어 있다.

"꼬마야, 이렇게 늦게 어디 가니?"

"할머니 집에 가요. 할머니가 아프대요."

"엄마, 아빠는?"

"장사하러 가셔서 늦게 와요. 할머니하고 자고 내일 여기서 유치원에 가려고요."

"후-유!"

나도 모르게 긴 호흡이 터져 나왔다. 저 작은 아이의 귀갓길 마중꾼들이 모두 무사하게 존재하는 것에 대한 안도감에….

이야기에 대한 이야기

친정집 사랑채 앞에 섰다. 삶의 터전을 따라 형제들이 이리저리 흩어지면서 버려진 옛집. 티격태격 살 비비며 어우러졌던 안채를 뒤로하고 사랑채에 발길이 머물 때면 설렘으로 또는 애틋함으로 눈물까지 그렁해진다. 문턱이 닳도록 드나들었던 정인들의 인기척이 스며있기도 하고, 아롱아롱 성글게 조율된 인간의 화음이 오롯한 전설이 되어 곳곳에 각인되어 있다.

생각해보니 안채가 생존 욕구를 해결하는 현실의 공간이었다면 사랑채는 존재와 자존감을 일깨우는 이상의 공간이었다. 어른들 속에 섞여 앉아 야학으로 한글을 깨친 곳도, 도회지에서 오신 학교 선생님들이 머물며 함께 책을 읽고 노래를 부르던 곳도, 대학생 삼촌과 교과서 속 문학작품에 대해 밤새 토론을 벌였던 곳도 다름 아닌 사랑채였다.

사랑채의 여러 방들에는 동네 사람이나 지인들만 찾아드는 것은 아니었다. 담양의 대바구니 장사, 남원의 칠기漆器 장사, 염산의 새우젓 장사와 소금 장사, 고창의 옹기 장사…. 그들은 하룻밤 숙식비 대신 신선한 바람을 일으킬만한 이야기들을 남기고 떠나곤 했다. 초저녁엔 투박한 사투리로 온갖 경험담들을 걸쭉하게 늘어놓다가 밤이 깊고 입심이 붙기 시작하면 나름대로 각색한 전설, 민담, 신화에 이르기까지 어울더울 판이 벌어졌다. 눈 오는 겨울밤 할아버지의 화롯가에서 들었던 이야기가 대부분이었지만 미미하게 달라져 가는 줄거리들을 가려내 툭툭 질문을 던지는 재미가 쏠쏠했다.

우리의 이야기판은 그렇게 구연자 혼자서 주도하는 독주가 아니라 어른, 아이 할 것 없이 언제든 끼어들 수 있는 자유로움이 있었다. 어디서도 만날 수 없는 민주적 담론장이고 열린 교육의 장이었던 셈이다.

이야기가 주는 저력 때문인지 오랫동안 구전되어온 한 집안의 이야기들이 진화되어 가문문집을 탄생시키고 시대를 풍미한 작가들까지 배출한 사례가 많다. 『열하일기』의 작가 연암 박지원도, 『용재총화』를 지은 성현도, 『계서잡록』의 주인공인 목은 이색이나 토정 이지함도 집안 대대로 이어오는 이야기판 속에서 탄생 된 인물들이다. 더욱 시선을 모으는 것은 그 이야기판의 중심인물이 남자보다는 어머니나 할머니들이 허다했다.

"-할매, 낭자는 으짜고?/ -야는 집에서 기다리지 으째, (중략)/ -억시기 반갑겠제./ -반갑고 말고./ 선비는 너무 반가와/ -여보, 내가 왔소./ 한 마디 부르짖자,/ 그 자리에서 낭자는 하얗게 재가 되어 삭아 내렸다./ 할머니는 이야기를 마치자, 눈물이 글썽거리는 눈으로 손자를 바라보았다./ -할매./ -……/ -할매./ -……"

박목월의 「전설」이라는 시의 일부이다. 구연자와 청자를 선뜻 구분하지 못할 만큼 두 사람의 정서적 공감은 상상과 사유를 넘어 이해와 감동으로 하나가 되어있다. 선하고 맑은 심상의 흐름은, 언급도 없는 할머니의 처지까지도 들여다보이게 한다. 화자와 청자의 심리상태나 입장에 따라 언제든 새로운 이야기로 변색 될 수 있는 포용성은 본질이 인간중심에 있는 우리 이야기판의 특성이기도 하다. 섭리에 순응하는 순연한 마음으로 인간의 일을 자연스럽게 풀어내어 둥글둥글한 곡선을 그리며 교감과 감흥에 도달하는 은근한 멋!

우주와 인간과 문명의 창조를 다룬 우리의 신화들 역시 서구의 신화에서 보이는 천지개벽이나 우주적 서막을 알리는 장엄한 서곡이 없다. 단군이나 주몽 등 건국 신화들마저도 온갖 고초를 인내와 끈기로 이겨내고 나서야 인격전환의 존재가 되는데 이 또한 지극히 인간적이다. 심지어는 부모로부터 버려진 아이 '바리데기' 무속 신화는 물론이고, '연오랑 세오녀'와 '해와 달이 된 오누이' 같은 민담도 아주 평범한 인간으로 살다가 해와 달의 정기를 갖게 된다.

영화 '기생충'이 아카데미 시상식에서 최고상을 받았다. 작품상이나 감독상, 국제영화상도 대단한 일이지만, 각본상 수상은 우리의 인간적 이야기가 세계에 공감을 불러일으킨 것 같아 더욱 의미 있게 다가왔다.

화자의 신분은 꽁꽁 감춘 채 한순간에 사람을 매장시키고 죽이기까지 하는 현대적 이야기판 댓글놀이가 자꾸만 세상을 아프게 하고 있다. 인간의 감성과 감성이 만나 솔바람 같은 정을 만들어내던 내 어린 시절의 사랑방 이야기가 무척이나 그립다.

보랏빛 사모곡

어버이날, 친정집으로 향하는 길목에 있다. 얼마나 많은 세월 동안 설렘으로, 애틋함으로 이 길 위에 오르곤 했던가. 여자에게 있어 친정 나들잇길은 들판의 허수아비도 반갑다고 하는데 하물며 수려한 강산까지 펼쳐져 있으니….

시선이 머무는 곳마다 아카시아꽃들이 들큼한 향기까지 내뿜으며 하얗게 하얗게 5월 산천의 향연을 마음껏 펼치고 있다. 그들 틈에 언뜻언뜻 내비치는 보랏빛 오동꽃들. 산등성이까지는 엄두가 안 나는지 마을 어귀에 또는 밭 언저리에 수굿하게 자리 잡고 서 있다. 그래, 항상 이맘때쯤 이 길에는 유난히 오동꽃이 많이 피었었지.

오동꽃은, 아니 보랏빛은 내게 늘 명치끝이 아릿할 만큼 회한과 아픔을 주는 꽃이며 색깔이다. 더구나 병석에서 생사를 넘나들고 계시는 어머니께 달려가는 이 순간, 마치 어머니의 화신처럼이나 마음 깊숙이 담겨온다. 사르르 불어오는 바람 한 자락에도 가뭇없이 날아가 버릴 것만 같이.

요즘으로 말하면 중2병, 사춘기의 증세가 절정에 달했을 때쯤으로 기억한다. 학교에서 학부모들을 초대해 봄 체육대회와 어머니날 행사를 대대적으로 치렀다. 평소대로라면 이럴 때 지성과 세련미가 넘쳐 총각 선생님들까지 설레게 하곤 했던 고모가 참석해야만 맞다. 한때 교사를 했던 고모는 학교에 오면 무척 자연스러웠다.

체육대회가 시작되고 발랄한 의상과 스포츠 모자로 한껏 멋을 부린 어머니들이 모여들자 축제 분위기는 점차 무르익어갔다. 운동장에 모여앉아 있으면서도 나는 학부모 석에서 가장 멋쟁이일 것이 분명한 고모만을 눈으로는 연신 찾았다. 그때였다. 뒤에서 누군가가 내 이름을 부르는 소리가 들렸다. 소리를 따라 돌아보는 순간 깜짝 놀랐다. 학교 같은 곳에는 한 번도 오시지 않던 어머니가 우뚝 서 계셨다. 그것도 친구 어머니들과는 너무나 다른 연보랏빛 한복에 부스스한 머리와 화장기 없는 거친 얼굴의 모습으로. 어머니 혼자서만 시골 5일장 포목점에서 흥정이라도 하고 계셔야 할 것만 같았다. 마지못해 어기적거리며 다가서는 내 주머니에 오늘의 목적인 용돈을 꾸깃꾸깃 넣어주면서 어른들 식사 준비 때문에 서둘러 집에 가셔야 한다고만 했다. 나는 건성으로 고개만 끄덕이고는 후다닥 자리로 돌아와 버렸다. 친구들이 누구냐고 묻는데도 그저 얼버무리고 말았다.

의식적으로 학부모 석에는 눈길도 주지 않은 채 장애물 경기까지 마쳤다. 그런데 시간이 지날수록 가슴 깊숙한 곳이 저려오기 시작했다. 나도 모르게 벌떡 일어나 어머니를 찾기 시작했다. 아무리 둘러봐도 연보랏빛 어머니는 어디에도 계시지 않았다.

점심때가 되어 친구와 짜장면을 먹기 위해 나서는데 교문 옆 언덕에 보랏빛 오동꽃이 꽃구름이 되어 피어오르고 있었다. 마치 어머니를 만난 듯 울컥했다. 어머니는 짜장면도 먹어보지 못했을 것이라는 생각을 잠시 했었던가.

어머니의 삶은 그랬다. 당신의 안위나 의지, 생각 등은 아예 접어놓으신 듯했다. 종가의 큰 살림을 빈틈없이 꾸리는 일과 집안 어른들을 편히 모시는 일에 희생과 인내로 온 힘을 다하는 것이 여자로서 최선의 미덕이라고 여기셨다. 자식들 사랑마저도 그저 어른들 뜻에 반영하는 사랑이었다.

당시 어머니는 겨우 30대 후반이었다. 여자로서 충분히 아름답고 빛나는 시절이었으며, 철없던 내가 그토록 부끄러워했던 그날 그 보랏빛은 90에 이른 지금까지도 어머니께 가장 잘 어울리는 빛깔이다.

무엇엔가 끌린 듯 연보랏빛 시폰 블라우스와 스커트를 지어 입은 적이 있다. 어머니를 마음에 두고 했던 일이 분명했겠지만, 그 옷만 입으면 주위에서 모두 잘 어울린다고 칭찬을 했다. 그럴 때마다 어머니와 딸이라는 숙명의 끈이 한결 찐득해짐을 감지하곤 했다. 어머니 같은 삶은 절대 살지 않겠다고 선언을 했었는데 성품도 취향도 날이 갈수록 닮아 간다는 형제들의 말이 뿌듯하게까지 들린다.

아, 어머니가 홀연히 먼 길을 떠나시고 나면 저 오동꽃을, 저 보랏빛을 어찌 바라볼 것인가. 오동꽃이 만발한 이 길을 달려 고향을 찾을 때마다 얼마나 많은 참회의 눈물을 흘려야만 할까.

그리운 할머니

찬 기운이 온몸을 파고드는 초겨울입니다. 해마다 음력 시월 스무날을 앞둔 이맘때만 되면 여덟 분이나 되는 조상님들의 시제時祭를 모시기 위해 동분서주하던 할머니의 모습이 어제의 일인 양 또렷이 떠오릅니다. 그 많은 제물祭物 준비에 지치지도 않으시고 행여 부정이라도 탈까 닦고 또 닦던 당신의 정성은 차라리 경건한 종교의식이었습니다.

할머니, 당신을 생각하면 언제나 가슴 깊은 곳에서 맑디맑은 시냇물 흐르는 소리가 들리곤 합니다. 중년 고개를 넘는 지금까지의 제게 유년의 언덕에서 불던 그 솔바람을 끊임없이 흘려주시는 분, 넉넉하고 꾸밈이 없으시던 당신은 언제 어디서고 낭낭하면서도 사랑이 크셨습니다. 이승을 뜨는 순간까지 외동아들과 손자들이 아까워 어찌 떠나느냐며 50이 넘은 아들의 볼을 어루만지며 애달파하시던 당신. 그 중 첫 손녀였던 저는 가없는 사랑을 받았습니다.

생각나세요? 할머니. 잠을 자려고 당신 곁에 누워 있다가 어머니 방에 심부름을 시키면 가지 않겠다고 떼를 쓰던 저를 말이에요. 당신 곁에서 자고 싶은 생각에 밤만 되면 어머니 방엔 얼씬도 하지 않았습니다. 저만 감싸고도는 당신 때문에 제 버릇이 나빠질까 봐 늘 걱정하던 어머니였으니 그러면 그럴수록 당신은 제 우주였고 든든한 울타리였습니다.

당신과 함께했던 일들 어느 것 하나도 소중하지 않은 것이 없지만 그중 뛸 듯이 좋았던 추억은 5일마다 서는 장 나들이였습니다. 장날이 되면 당신은 의복 단장을 말끔히 하신 뒤 일꾼에게 지게를 지우고 대문을 나서곤 했습니다. 저는 어김없이 당신의 지팡이가 되어 서너 걸음 앞에서 종종거렸고요. 장을 보면서 사주시는 사탕과 엿을 먹는 재미도 있었지만 너무도 의연하고 당당하시던 당신의 모습이 어린 제 눈에 얼마나 자랑스러웠는지 모릅니다. 반찬 가게에서는 일꾼의 지게 바지게 그득히 농찬農饌을 사는 당신이 나타나면 모두가 굽실했으니까요.

장보기가 끝나고 반찬이 상한다며 일꾼에게 빨리 돌아가기를 이르시고 나면, 그때부터 할머니와 저만의 시간이 시작되었습니다. 장에서 만난 동네 사람들을 불러들여 국밥이나 국수 한 그릇씩을 대접하기도 하고, 약장사들이 부르는 노랫가락에 넋을 잃기도 했었지요.

아기 주먹보다도 큰 사탕을 사서 입에 물고 들실을 길이 집으로 돌아올 때는 온 세상이 제 것인 듯했답니다. 신이 나서 나풀나풀 걷다가도 입 안 가득 문 사탕으로 충치를 건드려 들 한복판에서 울음보를 터뜨린 적이 한두 번이 아니었어요. 그때마다 당신은 저를 무릎에 눕히고 후후 불어주면서 우리 새끼 빨리 낫게 해달라고 흥얼거리시던 노랫소리 지금도 들려오는 듯합니다.

제가 중학생이 되어 읍내에 있는 학교에 다닐 때는 토요일 오후만 되면 감나무에 걸린 해를 바라보며 대문 밖을 서성이곤 하셨다지요. 일주일 동안 제가 좋아하는 온갖 군입정들을 집에 있는 동생들에게 들키지 않으려고 광으로, 다락 안으로 옮겨가면서 말이에요.

중학교 1학년 때로 기억합니다. 자췻집에 돌봐주러 오신 당신께서는 언제나 아침 등굣길에 가방을 들고 학교 교문까지 바래다주시곤 했습니다. 그때 저는 막내 고모의 교복을 손질해서 입었는데, 그날도 당신은 어서 들어가라고 손을 치면서 제 모습이 보이지 않을 때까지 오래도록 서 계셨습니다. 그 후 집에 돌아가셔서 어머니와 아버지께 불호령이 내려졌다는 이야기를 고모로부터 들었습니다.

"이쁜 새끼 하나 학교에 보내 놓고 너희들은 뭐 하는 짓들이냐. 다른 집 애기들은 시계도 번쩍번쩍하고 옷도 비까비까 헌

디 우리 새끼는 그게 뭐냐. 내가 속이 상해서 죽을 뻔했다. 당장 내일 가서 제일 고급으로 맞춰주어라."

당신의 그 한 말씀으로 그때는 아무도 입지 않았던 '골덴텍스'라는 옷감으로 교복을 지어 입을 수 있었습니다.

저희에게뿐만 아니라 당신은 동네 사람들에게도 무던히 잘 하셨습니다. 끼니를 못 잇는 '천변 아재' 집에 그냥 밥을 주면 미안해할까 봐 밥을 푸실 때마다 누룽지 아닌 밥을 많이 남겨 놓고 물을 붓게 하신다는 것 어린 저희들까지 알고 있었어요. 따뜻한 숭늉이나 아이들에게 먹이라며 담장 위로 바가지 가득 넘겨주시곤 해서, 수많은 끼니를 때웠노라고 그 댁 식구들은 지금까지도 당신을 잊지 못해 한답니다.

그 시절 우리 집엔 훈훈한 당신의 소리들로 가득했습니다. 동네 사람들에게 잡곡 나누어 주는 됫박 소리, 방 자리 밑에다 손자들 주려고 동전 모으는 소리, 곳곳에 놓인 정화수 앞에서 치성드리는 소리. 어쩌다 당신께서 외출이라도 하신 날은 온 집안이 살아가는 것을 멈춰버리기라도 한 듯 썰렁해서 그렇게 싫을 수가 없었습니다.

할머니, 당신만 뵈면 시도 때도 없이 철없는 어린아이로 돌아가 버리곤 하던 저는 여학교 때까지도 쪼글쪼글한 당신의 젖무덤을 더듬곤 했습니다. 그런 저를 품어 안으시며 "이 큰 애기를 어디다 쓸거나." 하시곤 했지요. 그러면서도 고모들이라도 보면 "우리 새끼만 한 놈이 어디 있냐." 하고 추켜주시는 바람에 저는 친구들에게 욕 한 번도 시원하게 하지 못하고 자랐습니다.

맏이 체면 때문에 초저녁에는 어린 동생들에게 당신 곁을 빼앗겼다가도 동생들이 잠들기를 기다려 살며시 밀쳐내고 당신 곁에 눕곤 했습니다. 그럴 때마다 내 마음엔 청보리밭 위로 높이 날던 종다리의 노랫소리가 들리기도 하고, 앞동산에서 두둥실 떠오르는 보름달이 보이기도 했습니다.

어느 날, 당신께서 고칠 수 없는 병이 나셨다는 청천벽력 같은 소식은 온 집안을 울음바다로 만들어버렸지요. 떠나시기 하루 전날, 고추와 참깨 등 갖가지 양념들을 나누어 먹을 곳을 어머니께 세세하게 이르실 때는 정말 온 식구들이 당신을 따라 나서고 싶은 심정이었습니다. 하늘이 무너지는 것 같다는 표현이 바로 그럴 때를 두고 한 말이란 걸 실감했습니다.

지금껏 세상을 따사로운 눈길로 바라볼 수 있는 제 마음의 근원은 바로 당신이십니다. 그리고 당신이 제게 터주신 그 사랑의 물꼬가 저를 통해 제 아이에게까지 계속해서 이어져 가주길 간절히 소망하며 살아가고 있습니다, 할머니.

"내 새끼 착한 사람에게 시집보내서 잘 사는 집에 한 번만 댕겨 온 뒤에 죽어야 할 턴디."

틈만 나면 하시던 생전의 말씀, 생각만 해도 가슴이 저려옵니다. 제가 결혼을 한 후, 그 말씀이 사무쳐 생전에 쓰시던 작은 물건들이나마 당신이 제집에 다니러 오신 듯 곁에 두고 있습니다. 반닫이, 소쿠리, 바늘 상자, 술병, 식기, 화로 등 당신의 손때로 길들여진 물건들이 화려한 의상이 아니더라도 단정하고 기품이 있으셨던 당신을 닮아있습니다. 한가한 날이면 저는 그것들을 윤이 나게 닦으면서 당신과의 추억 여행을 떠나곤 합니다. 온갖 갖고 싶은 것은 모두 있었던 5일장의 풍경들, 멱을 감던 수렁골 둠벙, 당신의 무릎을 베고 바라보던 밤하늘의 별들, 이 모두가 당신과 함께 그립기 한량없습니다.

살아가면서 저는 사랑스럽고 인자함 속에서는 언제나 당신을 만납니다. 남편의 자상한 행동에서도, 아들의 천진한 웃음 속에서도 당신의 체취와 같은 평화를 느낍니다. 그리고 함께 더운 가슴으로 살아갈 수 있는 희망이 열리고 행복 또한 보입니다.

그리운 나의 할머니!

저의 간절한 소원 하나는 당신을 꼭 닮은 할머니가 되는 것입니다.

빛이 사는 동네

어린 날, 뜬금없이 빛의 근원지가 남쪽일 거라는 생각에 사로잡혀 지냈다. 고향마을 동쪽은 큰 산이 있어서 바깥세상을 생각하기엔 까마득했고, 서쪽은 숲과 초원이 펼쳐져 해거름이면 소들에게 풀을 뜯기며 노을을 보던 곳이었다. 공동묘지가 있는 북쪽은 초상이 날 때마다 슬픈 상엿소리가 끊이지 않았다. 날씨가 궂은 날이면 도깨비를 만났다는 사람들도 더러 있었다. 뒷집 인수가 헤엄을 치다가 저수지에 빠져 죽던 날도, 섭이 할머니의 혼불이 나갔다고 동네가 떠들썩한 날도 북쪽에서는 흉물스런 까마귀 울음소리가 끊임없이 들려 왔다.

생각하기도 싫을 정도로 무서운 것들이 모두 북쪽에 있는 이유가 밝은 빛이 없어서라는 생각은 점점 신념이 되어 굳어갔다. 그럴 때마다 양지쪽 흙담에 기대어 유일하게 신작로가

나 있는 남쪽을 바라보곤 했다. 부푼 꿈을 안고 도회지로 떠나는 사람들도 그 신작로를 따라 떠났고, 꿈을 실현해 금의환향하는 사람들도 역시 그 신작로를 따라 눈부시게 들어왔다.

어느 날인가 서울에 다니러 가셨던 아버지께서도 어김없이 볕이 따스한 그 신작로를 따라 돌아오셨다. 서둘러 평소 궁금하게 여겼던 질문부터 했다. 아버지의 대답은 너무나 뜻밖이었다. 없는 것이 없고 눈을 뜰 수조차 없이 화려하다는 서울이 공동묘지가 있는 북쪽에 있다는 말은 정말 이해하기가 힘들었다. 하지만 서울로 가는 길은 분명 남쪽으로 난 신작로라는 믿음은 확고했다.

초등학교 2학년이 되면서 좀 더 나은 환경에서 공부를 시켜보자는 어른들의 뜻으로 고등학생인 고모를 따라 남쪽에 있는 이웃 읍으로 전학을 하게 되었다. 드디어 나도 신작로를 따라 길을 떠나게 되었다는 설렘으로 잠을 이룰 수가 없었다. 뭉게구름이 유난히 많은 남쪽 읍내에는 신기하고 재미난 일들이 넘쳐날 것만 같았다.

그 기대는 불과 며칠도 지나지 않아 무너져내렸다. 대학 입시 준비에 바쁜 고모는 늘 늦은 시간에 돌아왔고, 어린아이가 혼자서 지키는 쓸쓸한 자취방은 밝은 빛이 살고 있는 꿈의 땅이 결코 아니었다. 오히려 북쪽에 있는 고향을 바라보면 가슴이 터질 것 같은 찬란한 빛이 눈물 속에서 빛나곤 했다.

그것을 시작으로 학교다 직장이다 해서 도회지를 떠돌면서

부디는 따스한 빛이 있는 남쪽은 항상 고향이었다. 결혼 후에도 무엇에 끌린 듯이 도시의 끝 고향으로 가는 길목에 둥지를 틀고 옛 선인들이 읊었던 귀거래사의 의미를 가슴 가득 끌어안았다.

뜻밖의 일이었다. 결혼의 연륜이 깊어갈수록 고향은 자꾸만 객이 묵어가는 손님방으로 안내했다. 우리 시대의 딸들이 겪는 공통적인 정서라고 대수롭지 않게 받아들였지만, 아무리 생각해도 풀 수 없는 수수께끼였다. 빛과 꿈이 있는 남쪽이 바로 고향이라고 여겼던 믿음이 다시 흔들리는 소리에 견딜 수가 없었다. 이사를 할 때마다 신앙처럼 줄곧 남향집을 고집하며 창 앞에 머무는 것으로는 마음의 출렁거림을 감당하기에 역부족이었다.

온화하고 밝은 곳, 어릴 적 뛰어놀던 앞동산 같은 곳, 음산하게 울던 까마귀가 아니라 동박새, 소쩍새, 뻐꾸기, 종다리들이 아침부터 저녁까지 노래하는 곳, 별빛과 달빛이 방안까지 넘나드는 곳, 동녘에 솟는 햇살이 눈 부시고, 산자락에 깃드는 노을이 아름다운 곳.

'이상향', 이상향이었다. 마음 안에서 살고 있는 동네. 어리석게도 이순이 되어서야 자나 깨나 함께했던 그 동네를 알아차렸다. 요즈음은 하루에도 몇 번씩 마음을 향해 해바라기 하는 시간을 갖는다. 도시 안의 작은 미당이지만 생명을 잉태하고 키워내는 신비한 흙을 만지면서 마음속 동네에 한가득 따스한 빛을 심는다.

그 동네로 향하는 길이 더욱 환해지도록 예쁜 등불을 하나씩 둘씩 마련하는 일에도 정성을 다하려 한다.

어머니의 장독대

친정집 장독대에서 조심조심 간장을 푼다. 중학교 입학과 함께 시작된 일이라서 반세기에 가깝게 거듭되는 일이지만, 오늘은 그 목적이 여느 때와는 사뭇 다르다. 바로 어머니의 장독대에서 내 장독대로 '씨간장'을 옮기는 중이다.

부엌이며, 뒤란이며, 창고며 온 집안에 당신의 손때 묻은 살림들이 정지한 듯 그대로인데 어머니는 자꾸 돌아오지 못할 먼 길을 떠나시려고만 한다. 반들반들 윤이 나던 장독대의 정경은 오간 데 없고 먼지와 젖은 나뭇잎에 덮여 숨죽이고 있는 모습이 마치 병석의 어머니를 보는 듯하다. 1년 가까이 병원 입 퇴원을 반복하며 실낱같은 생명을 부여잡고 계시는 어머니.

어머니는 정신이 조금 맑아지실 때마다 간장과 된장, 고추장을 가져가라는 말씀을 반복하신다. 병이 나기 전 마지막으로 담가놓은 복분자주를 걸러 가라기도 하고 곳간에 참깨와 찹쌀 등이 있을 거라고 이르시기도 하지만, 어머니 마음속에서 딸이 꼭 챙겨가야 할 것은 장독대에 있는 각종 장류들이다. 평소 어머니는 도회지에 뿔뿔이 흩어져 사는 자식들의 끼니 걱정이 될 때마다 "장만 맛있으면……"을 주문처럼 외곤 하셨다.

친정집 뒤란의 반 이상을 차지하고 있던 어머니의 장독대. 그곳은 어린 우리들의 식탁이 되기도 했고 놀이터가 되기도 했으며 때로는 악동 모의를 꾸미는 비밀의 장소이기도 했다. 곱게 깔린 자잘한 몽돌 위에 백여 개가 실히 되는 듬직한 항아리들이 키 순서로 단정히 늘어서 있고, 몇 걸음 떨어진 오른쪽 옆으로는 채송화, 봉숭아, 분꽃, 국화 등이 철 따라 피고 지고를 반복했다. 하절기에 주로 쓰는 가마솥 화덕에서는 맛난 음식들이 끓어오르고, 담장 밑 언덕에 서서 장독대를 내려다보고 있던 감나무와 앵두나무는 초여름부터 늦가을까지 우리 형제들에게 풀 방구리를 찾는 쥐가 되게 했다.

어머니가 장독대를 들락거리는 횟수가 잦아질수록 밥상 앞 가족들의 얼굴에는 웃음꽃이 더욱 활짝 피어났다. 생각해보니 자라면서 집안의 부흥과 행복은 바로 장독대의 규모와 비례했던 것 같다. 살림 형편이 좋아져 농토가 늘어날수록 집안에 상주하는 식구들도 많아졌고, 어머니가 장독대에 쏟는 시간과 애착도 더해갔다. 가장 주가 되는 간장, 된장, 고추장은 물론이고 막장, 청국장, 집장, 담북장 등이 크고 작은 항아리들에 가득 채워졌으며, 각종 젓갈과 김치, 장아찌류들은 철 따라 밥을 부르는 마술사가 되어 든든하게 자리를 지키고 있었다.

농촌에 살면서도 어머니는 논밭에 나가 일을 할 수도 없을 정도로 종일 집안 살림에만 매달려 사셨다. 정확히 말하자면 나가고 싶어도 그럴만한 시간적 여지가 없었다고 보아야 한다. 조부모님과 부모님, 네 분의 고모들, 8남매나 되는 우리 형제, 거기에 큰 머슴, 작은 머슴, 꼴머슴, 부엌담살이 등등 일꾼들만 해도 대여섯 명씩은 있었으니 식구들 삼시세끼 식사 준비만 하더라도 허리조차 펼 틈이 없는 고된 일상이었다.

뒤뜰 툇마루에 앉아서 바라보는 장독대의 풍광은 계절마다 어머니의 삶만큼이나 곡절 곡절을 넘나들었다. 희붐한 봄날 앵두꽃 꽃비 되어 날리는 아릿한 정취도, 한여름 오후 찌는듯한 더위에 지쳐 졸고 있는 봉숭아와 괴꽃의 모습도, 푸른 가을날 아프게 아프게 열매를 익혀가는 감나무의 겸손함도, 겨울 이른 아침 소복이 쌓인 함박눈의 한적한 아늑함도 늘 소담하고 무던하게 견뎌내며 베풀던 어머니의 세월을 닮아있었다.

도회지로 떠돌면서 향수로만 머물던 어머니의 장독대가 어느 순간 대물림하는 관습이나 신앙처럼 맏딸인 내게 스며들기 시작했다. 결혼 후 살림을 꾸리면서부터는 어디에 두어도 어머니를 느끼게 하는 항아리들이 눈에 아른거려 틈만 나면 옹기점들을 기웃거리고 다녔다. 당연히 그것들을 두어야 할 공간이 필요했다. 젊은 나이부터 전원주택 생활을 시작한 가장 큰 이유라고도 볼 수 있다.

어느덧 옆 마당 볕 바른 곳에 50여 개의 항아리들이 옹기종기 모여 제법 어머니의 장독대를 닮아 가고 있다. 하지만 그것은 겉모습뿐, 직접 간장을 담근 것은 올봄이 처음이다. 그동안은 어머니가 담가놓은 장이나 젓갈, 장아찌들을 옮겨와 보관하며 먹는 정거장 역할만을 했었다.

음력 정월 초나흘 말 날을 택해 생애 처음 담가놓은 간장 항아리. 바라만 보아도 뿌듯하기 그지없다. 한데 하루 이틀 시간이 갈수록 뭔가를 잃어버린 듯 허전해지는 마음은 자꾸만 생활 속까지 파고들어 허둥거리게 했다. 어머니의 손길이 닿지 않은 간장이란 꿈에서도 감히 생각해보지 못한 일이다.

형제들에게 심중을 털어놓았다. 몇 날을 의견이 오고 간 끝에 나온 결론이 '씨간장'이었다. 담가놓은 간장에 어머니의 간장을 합장合醬하고 매년 그것을 남겨 반복하면 어머니의 간장은 영원할 수 있다고 했다. 이야기를 듣는 내내 어머니와 나 사이에 그 무엇도 갈라놓을 수 없는 단단한 끈이 이어지는 듯 조금은 안도가 되었다.

초점 없는 눈에 귀까지 잘 들리지 않는 어머니의 손을 붙잡고 '씨간장' 이야기를 전했다. 이제 자식들 걱정은 하지 말라고, 어머니가 일러준 대로 정성스럽게 장을 담가 나누어 먹겠노라고, 맏딸이 잘하는지 감독을 하려면 오래오래 우리 곁에 계셔야 한다고……. 스스로 다짐이라도 하듯 의젓하게 떠들었지만, 눈에서는 자꾸만 뜨거운 눈물이 흘러내린다.

보호자

오늘도 어김없이 어머니가 드실 죽 보따리를 움켜쥐고 서둘러 병원에 도착했다. '보호자증'이라는 명패와 함께 '코로나19'에 걸리지 않았다는 응답서가 담긴 'QR(Quick Response)코드'를 휴대폰 화면에 띄워 제시한 후 발열 체크에 합격해야 만이 병원 입구를 통과할 수 있다.

88세의 연세로 '뇌출혈'이라는 병명을 안고 응급실과 중환자실을 거쳐 40여 일째 병실 생활을 하고 계시는 어머니. 처음 염려와는 달리 의식이 돌아와 중환자실을 간신히 벗어나셨지만, 아직 갈 길이 멀다.

어머니가 '119구급차'에 실려 대학병원 응급실에 도착하던 날, 8남매 자식들 중 가장 가까이 사는 내가 보호자 난에 이름을 적어 올리고 검사와 치료과정의 여러 위험 사항에 대비한 서명까지 했다. 어머니의 생명을 놓고 감히 책임을 지겠다는 아주 두려운 일이었으나, 병원과의 약속만이 아니라 어떻게든 어머니를 살려내는 데 온 힘을 다하겠다는 다짐의 마음을 모아 떨리는 손으로 사인을 했다. 다행히 빙힉 중이라 어머니께서 내게 기회와 시간을 주셨구나 하는 생각도 들었다.

'코로나19'는 보호자 노릇까지도 철저하게 방해했다. 사경을 넘나들고 있는 어머니가 중환자실에 계시는데 그 복도 근처에도 얼씬거리지 못할 정도로 원천봉쇄를 했다. 형제들과 병원 주차장에 모여 차마 어머니를 두고 그 자리를 뜰 수가 없어서 새벽녘까지 차 안에서 마음 졸이다가 들어오는 것이 보호자로서 최선의 역할이었다.

중환자실에서 병실로 옮기는 날은 어머니의 얼굴을 볼 수 있는 것만으로도 감사하고 기뻤다. 욕심이 욕심을 부른다고 형제들은 아무 때나 어머니께 들락거리고 싶어 했지만, 보호자증을 가진 단 한 명만이 머무를 수 있는 규칙은 삼엄했다. 이래저래 큰딸인 내가 어머니 곁을 가장 많이 지킬 수 있는 행운을 얻었다.

생각해보니 어머니는 8남매나 되는 우리를 키우면서 양육에서 훈육까지 단 한 번도 보호자로서 당당하게 당신의 역할을 주장하지 못하는 삶을 사셨다. 외아들로 이어 내려오는 집안에서 태어난 우리 형제들은 어머니 품에서 젖만 떼고 나면 철저하게 조부모님의 '사랑법'에 의해 길러졌다. 버릇없이 구는 남동생에게 어머니께서 회초리를 든 적이 있었는데 할머니께서는 온 집안이 떠들썩할 정도로 불같이 화를 내셨다. "니 새끼라고 니 맘대로 매를 들다니…. 그 꼴은 못 본다." 결국 어머니는 몇 날을 사죄하고야 평화를 찾을 수 있었다.

해 질 녘, 마당 모퉁이 샘가에서 막내 여동생을 안고 세수를 시키는 어머니를 본 적이 있다. 어머니는 그 어느 때도 볼 수 없는 환한 얼굴로 동생을 씻긴다기보다는 정성스레 물을 발라가며 만지고 쓰다듬고 계셨다. 그 순간이 어른들께 표나지 않게 어머니가 자식을 사랑할 수 있는 유일한 시간이었다는 것을, 또 그 고충을 내가 부모가 되어서야 깨달을 수 있었다.

유난한 조부모님의 애착 속에 어머니의 손길이 미치기도 전에 훌쩍 커버린 맏딸. 중학생이 되면서부터 자취생활을 시작해 결혼 후까지도 동생들을 줄줄이 보살폈으니 어리광부리고 보호받아야 할 어머니의 자식이 아니라 조력자일지도 모른다는 생각에 쓸쓸한 적도 많았다. 어머니와 나는 평소 다정하게 손을 잡는 것마저도 서로 어색해하며 평생을 살았다.

기나긴 세월을 훌쩍 뛰어넘어 중병을 앓고 있는 어머니의 병실에서야 우리는 두 손을 꼭 잡았다. 피골이 상접해 미소 짓기조차 힘든 얼굴로 연신 내 머리를 쓰다듬기도 하고 등을 다독이기도 하신다. 마치 60이 넘은 딸이 아니라 사랑스러운 아기를 바라보는 표정이다. 얼마를 돌아서야 여기까지 왔는지…. 차마 어머니의 눈을 마주칠 수가 없었다. 엉겁결에 목에 걸린 보호자증을 힘껏 쥐며 너스레를 떨었다. "우리 엄마 장하다! 참 잘했어. 엄마가 똑똑해서 이나마 정신을 차릴 수 있었던 거야!"

어지럼증이 인다며 눈을 감는 어머니의 손을 꼭 쥐었다. 그리고 간절히 소망했다. 우리 모녀가 서로의 '보호자'가 될 수 있는 시간이 길어지기를, 아니 아주 오래도록 이어지기를….

연리목蓮理木

봄이 무르익고 있다. 집 마당에도 꽃들이 만발했다. 울타리 안에 자연을 들이고 산다는 것은 어느 계절을 막론하고 축복이지만 봄은 더욱 특별하다. 황막하게 언 땅을 뚫고 뾰족뾰족 여린 잎들이 올라오는 초봄의 경이로움이 가시기도 전에 어느새 각양각색으로 터트려주는 꽃망울들이 모여 눈부신 화원을 이루었다.

꽃을 가꾸는 마음은 기다림이다. 그 기다림은 설렘으로 피어나게 하고 설렘은 또 내일을 꿈꾸게 한다. 무서운 동장군이 몰려와 멈춤이라는 쉼표를 찍어줄 때까지 피고 지고, 피고 지고….

이 봄, 흔연스럽기 그지없는 순환의 질서에 매료되어 들떠 지내면서도 어인 일로 시선이 가는 곳마다 침묵과 희생의 아픔이 자꾸만 보이는 것일까. 꽃앵두, 금낭화, 매발톱, 제비꽃들은 제철을 만나 유아독존으로 피어있지만, 가만히 들여다보면 이어질 시간을 위해 발아래 섬초롱, 애기달맞이꽃, 대나물, 우단동자 같은 여린 싹들을 끌어안고 있다. 마당의 흙을 담아 키우는 비좁은 화분 안에서도 동거의 생존 장면은 만날 수 있다. 철쭉과 백합, 석죽과 분꽃, 돌나물과 개미취, 명자와 국화 등 개화기가 각기 다른 꽃들이 어우러져 함께 살아가는 세상의 질서에 따르고 있다.

문득, 보성 다원에서 만난 소나무와 삼나무가 삼삼하다. 삼나무와 함께 사는 소나무가 삼나무만큼이나 키가 커져 있고, 생김새까지 엇비슷하게 닮아있었다. 빛을 향한 생존 투쟁의 결과라고 쉽게들 말해버리지만, 서로 다른 것들끼리 순응하고 포용하며 함께 살아가기 위한 몸부림의 흔적이 아니고 무엇이겠는가. 처절하고 애잔한 삶 앞에서 선뜻 돌아설 수가 없어 몇 번이고 올려다보고 또 올려다보았다.

요즈음 부쩍 미수米壽를 바라보고 계시는 부모님의 한평생이 마당 곳곳에서 불쑥불쑥 마음에 담기곤 한다. 가족의 달이라고 하는 오월을 눈앞에 두어서인가. 두 분은 처음부터 체질이나 성품, 생장 환경 등 어느 하나도 유사함이 없었다. 아버지는 바람처럼 밖으로만 도셨고, 어머니는 일생이 하루인 듯 오로지 제자리를 지키셨다. 한여름에도 두꺼운 이불을 덮어야 하는 어머니와 겨울에도 여름 이불이면 시원하고 좋으시다는 아버지였으니 평생 이불 한번 같이 덮지 못할 만큼 달라도 너무 다르셨다. 어쩌다 두 분이 함께 외출할 일이라도 있을 때면 서울 중심가 어느 찻집에나 앉아계셔야 할 차림인 아버지는 대여섯 걸음 정도 앞서시고, 더덜없이 산골 아낙 차림 그대로인 어머니는 조용히 뒤따르는 것이 하나의 풍경이었다. 그 다름이 주는 상처는 어머니께 치유 불가능한 심신의 병을 안고 살아가게 했으며, 때로는 어머니를 넘어 자식들에게까지 파고들 정도로 힘든 나날이었다.

어떤 세월이건 흐르지 않는 삶이 있을까. 삼나무와 소나무가 본연의 모습을 잃어버리고도 흔연스럽게 세월을 함께 껴안고 서 있듯, 두 분의 삶도 자식들을 병풍 삼아 막히기도 하고 트이기도 하면서 그렇게 그렇게 세월 뒤로 숨어들었다.

한데 참으로 이상한 일이 일어났다. 당신들의 회혼례 무렵부터였을까. 친정집에 가면 두 분이 자연스럽게 나란히 앉아 절을 받고, 밥상도 나란히 받으시기 시작했다. 외출에서도 나란히 걸으시고 자식들 문제도 어느 것 하나 없이 한뜻이셨다. 약을 드실 때도 서로 챙기고 이가 부실한 아버지를 위해 뭐든 무릇하게 조리하는 어머니의 요리를 아버지는 최고로 여기셨다. 아버지보다는 자식들하고의 사이가 더 애틋하다고 생각했던 우리로서는 그런 어머니가 무척 생소해 보이기까지 했다. 마치 남모르게 생사를 넘나들던 전투 동지를 뒤늦게야 만난 모습이랄까.

그 정도면 되실 것을…. 무엇이 그리 어려우셨을까. 어머니는 여기저기 아프다고는 하시면서도 얼굴빛이 소녀처럼 밝으시다. 자식들은 모일 때마다 암암리에 '나란히'라고 부르며 깔깔거리기까지 한다. 하지만 누가 먼저랄 것도 없이 틈만 나면 '다행이다'를 외치고 있다. 거동조차도 노심초사해야 할 만큼 노쇠한 몸이지만 서로 기대어 함께하는 모습에 조금이나마 마음이 놓인다.

해남 대흥사 경내에 서 있는 '연리목' 역시 어찌 고통의 상처 없이 존재할 수 있었을까. 모진 세월과 비바람에 흔들리고 찢기면서 서로에게 입힌 상처 자국을 몸과 마음으로 쓰다듬고 보듬어 안은 상징물이 아니겠는가. 피투성이가 된 영육의 아픔을 쓸어안고도 상대를 밀쳐내지 못하고 오히려 껴안아야 하는 숙명의 관계. 상대의 상처에서 흘러나오는 피고름을 몸으로 마음으로 정성껏 빨아내어 완전하게 치유한 후에야 오롯이 하나가 될 수 있는 인고의 결집체. 사람들은 그래서 연리목을 평범한 나무 이상의 의미로 마음에 담는지도 모른다.

사회문제 중에서도 가장 중요하게 떠오르고 있는 것이 노인 문제라고 하지 않던가. 서로 기대어 외롭지 않게 보내고 계시는 부모님이 자식으로서는 그저 고마울 뿐이다. 한데 왜 두 분을 뵐 때마다 가슴 밑바닥에 고여오는 애잔함과 연민을 쉽게 떨쳐버릴 수가 없는 것일까.

보따리 싸기

새벽부터 일어나 부엌에서 동동거리고 있다. 휴일이면 시골로 향하는 남편 손에 들려 보낼 반찬을 싸기 위해서다. 음식 보따리를 꾸리는 일이야 특별한 것도 아니지만 요즘 부쩍 신명을 내는 것은 예전의 버릇이 도졌다고나 할까.

보따리에 대한 내 이력을 들춰보자면 제법 긴 세월을 거슬러야 한다. 동생들을 데리고 중학교부터 시작한 자취생활은 손에 보따리가 분신처럼 들려있게 했다. 쌀과 반찬은 물론이고 고구마, 감자, 옥수수 같은 주전부리들까지 싸 들고 와 늘 허기져 기웃대던 친구들의 입까지 즐겁게 했으니 단연 보따리 싸기의 달인이 될 수밖에. 싸 온 것들을 펼쳐 놓고 먹을 때마다 생색을 내기는 했지만 지금 생각해보니 그것은 나 혼자만의 보따리가 분명 아니었다. 자식들을 염려하며 어머니가 준비해 놓은 먹거리들을 그저 싸 오는 것일 뿐이었다.

어머니와 맏이인 나, 우리 모녀의 보따리는 세월과 함께 자양분이 되어 형제들을 하나둘 성인으로 입성시켰다. 당연히 가정을 꾸려 여러 지역으로 흩어지는 것도 자연스러운 절차였다. 그렇다고 어머니의 보따리 싸기가 멈춰진 것은 아니었다. 오히려 보따리 규모가 더욱 커져서 전국 각지로 향하게 된 것이 달라진 점이라고나 할까.

한때 어머니는 틈만 나면 재봉틀 앞에 앉아 보자기를 만들었다. 보자기뿐만 아니라 예쁜 헝겊을 이어 붙여 내용물을 곱게 덮어 보낼 조각보까지 지으셨다. 보자기의 '보褓'는 포대기를 나타내는 뜻으로 물건을 싸거나 덮는 천을 의미하며, 물건을 놓고 싸서 끝과 끝을 잡아 동여매면 보따리가 된다. 글자에 '보호할 보'가 들어있는 것은 물건의 원형이 변하지 않도록 잘 지켜준다는 뜻이겠지만, 뭔가 꼭 필요한 사람을 위해 주어지는 선물꾸러미가 떠오르는 것은 왜일까. 선인들 역시 물건을 싸 놓으면 복이 간직된다는 믿음으로 보자기를 사용했다고 하지 않던가.

언제부터였을까. 슬금슬금 보자기가 사라지기 시작하더니 대신 택배라는 배달 방법이 생겨났다. 크고 작은 비닐봉지들이 등장했고, 각종 플라스틱과 스티로폼 상자가 현관까지 척척 옮겨졌다. 국물 한 방울도 흘리지 않고 깨끗하게 전달되는 것이 신기하기도 했으나, 그 편리함이 마음 가득 차오르는 감동과 행복감을 대신하지는 못했다. 눈으로 보기만 해도 가슴이 일렁였던 어머니의 보따리가 날이 갈수록 더욱 그리워졌다.

불혹을 목전에 둔 어느 날, 나는 다시 보따리를 싸기 시작했다. 어쩌면 그런 상황을 일부러 만들었다고 보아야 할까. 오매불망하던 시골집을 마련하여 텃밭 농사를 짓게 되었다. 주말을 지내야 할 음식 보따리를 챙겨야 했고, 돌아올 땐 수확한 농산물과 먹고 남은 음식들을 다시 싸 와야 했다. 가져온 것들을 형제나 주변에 나누는 일 역시 보따리 싸기였다. 때로는 채소나 과일 그대로, 때로는 반찬과 잼 등을 만들어 정성껏 보따리를 쌀 때마다 행복했다. 어머니가 만들어준 보자기와 조각보를 적재적소 사용하는 즐거움도 컸고, 무엇보다 어머니의 대를 잇고 있다는 자부심은 또 다른 소명감까지 안겨주었다.

상자 포장은 겉모양만을 보고는 내용물이 무엇인지 가늠하기가 쉽지 않다. 선물을 받아 포장지를 뜯을 때 그 과대포장의 허탈감이란…. 그에 비해 보자기로 싼 보따리는 내용물을 적나라하게 가늠할 수 있는 솔직함이 있다. 그만큼 보따리는 싸는 사람의 마음과 심리상태가 그대로 담기기 마련이다. 그 의미를 조금은 좇고 싶었는지 명절마다 선물보자기가 등장한다. 한데 대부분 상자나 바구니로 포장을 마친 상태에서 형식적으로 겉만 싸는 거라서 보따리라는 표현을 쓰기에는 역부족이다.

실생활에서 보따리가 자취를 감춘 대신 언어생활에서나마

자주 쓰이고 있는 것을 만날 수 있어서 다행이다. '웃음보따리', '이야기보따리', '선물 보따리', '상상 보따리', '요술 보따리', '노래 보따리' 등 대부분 좋은 의미를 지닌 것이 많다. 누군가에게 기쁨이나 도움이 될 수 있도록 준비된 행운의 묶음이라고나 할까.

관계의 단절감이 주는 우울증, 현대인들이 앓고 있는 병 중에서도 밀쳐놓을 수 없이 다급한 병명 중의 하나이다. 훈훈한 소통의 보따리들을 싸고 푸는 사람들이 더욱 많아졌으면 좋겠다.

4부

달[月] 걸이 나무

마당

까맣게 몰랐다

다리橋 유감有感

뒷모습

잔치

인연

까치 까치 설날은

사랑방 이야기

짝

돌아보기

달[月] 걸이 나무

집 안에서도 밤낮으로 다채로운 하늘을 올려다보며 살 수 있는 홍복을 누리고 있다. 조금은 이성적이고 광막하게만 느껴지는 대낮의 하늘과는 달리 짙은 감성의 색채로 다가오는 밤하늘은 내게 늘 작은 배에 돛을 매다는 꿈을 꾸게 한다. 저뭇할 무렵 동네 산책을 하다가도, 싸늘한 바람결에 옷깃을 여미며 창문을 닫아걸다가도, 늦은 밤 풀벌레 소리에 이끌려 뜰 안을 서성이다가도, 그리움에 겨운 선홍빛 노을의 애잔함에, 순수를 꿈꾸는 은빛 별무리의 속살거림에, 기다림의 인내로 피워 올린 만월의 풍요에 설렘으로, 감동으로 달떠 지낼 때가 많다.

"우리는 남들보다 별들과 더 가까이 지내는 셈이지요. 그러니 평지에 사는 사람들보다는 별나라에서 일어나는 일을 훨씬 잘 알 수 있답니다." 널리 알려진 알퐁스 도데의 작품 〈별〉에서 주인공인 목동이 주인집 아가씨 스테파네트에게 들려주는 대화이다. 별들과 가장 가까운 곳에서 양들을 돌보며 하늘의 신비한 이야기를 피워 올리는 알프스의 목동들. 그들에게뿐만 아니라 별나라라고 부르는 우주는 인간에게 끊임없는 상상의 나래를 펼치게 하고, 이야기에 이야기를 만들어 문학과 역사의 근원이 되는 수많은 신화와 전설을 탄생시켰다.

예나 지금이나 별나라에서 인간의 관심을 가장 받는 것은 달이다. 달에 대한 인간의 유별한 동경은 계수나무를 키웠고 옥토끼도 살게 했으며, 그 속내를 알기 위해 쉼 없는 노력을 기울이고 있다.

우리 집 역시 밤 풍경을 주도하는 것은 뜰 여기저기에 걸리는 달의 다양한 표정들이다. 요즈음은 그 황홀한 장면들을 눈과 마음에만 담아두기가 아까워 아이들처럼 사진 찍기 놀이에 빠져있다. 앞동산에 떠오르는 보름달이나 대숲 사이로 살포시 얼굴을 내미는 반달은 내 사진 놀이의 단골 메뉴이다. 그중 최고의 풍경은 상현달이 걸리는 남쪽 언덕 위의 '나도밤나무'라고나 할까. 갖가지 형상의 구름도 걸리고 속도에 예민한 바람도 걸리기는 하지만, 달이라는 주인공을 빛내기 위해 존재하는 훌륭한 조연들일 뿐이다. 실외 등불을 조명 삼아 그것들을 사진에 담으면 온 우주가 담긴 듯 신비롭기 그지없다. 낮에 보면 언덕 가장자리에 밋밋하고 운치 없이 서 있는 껍다리 나무일 뿐인데 순전히 밤과 달이 부리는 마술이라고 볼 수밖에….

지나친 호들갑이 시샘을 불러들였을까. 어느 날 갑자기 비상사태를 맞이하게 되었다. 새집을 짓고 이사를 온 앞집에서 나도밤나무에 대해 문제를 걸어왔다. 껑충하게 높은 가지에서 떨어지는 잎들이 앞집까지 날아가 뒤뜰이 지저분해진다는 것이었다. 별로 좋은 나무도 아니니 베어버리면 어떻겠느냐는 제안을 했다. 일단 피해가 된다니 공손하게 웃으면서 들었지만 가슴이 덜컥했다. 아무리 하찮은 나무라도 베어 없앨 때는 신중을 기해야 한다는 것은 그동안 시골집을 가꾸면서 충분히 깨달은 바가 있다. 나무는 세월이다. 당장 묘목을 심는다고 해도 운치 있게 달이 걸릴 만큼 울창한 모습을 보여주기까지는 또 얼마의 세월이 흘러야 한단 말인가. 궁리 끝에 앞집 쪽으로 향한 가지를 아쉬운 대로 쳐냈지만, 마음이 개운하지 않은 것은 마찬가지였다.

상현달이 그윽하게 뜨는 날, 이사 축하라는 명목으로 앞집 부부를 초대했다. 물론 문제의 나도밤나무가 잘 보이는 옆 뜰에 저녁 식사 테이블을 펼치고 조촐하지만 성심껏 준비했다. 저녁을 마치고 차를 마시며 훈훈한 대화가 무르익어갈 무렵 예상대로 함초롬한 달이 나도밤나무에 걸려 한껏 자태를 드러냈다. 그때 앞집 부인이 한 마디를 툭 내뱉었다. “저 나무에 달이 걸리네요? 밖에서 보는 것과 저렇게 다를 수가요.” 앞집 남편 역시 "그거 장관이네요. 나무를 베었더라면 참말로 죄송할 뻔했습니다." 하며 호탕하게 웃었다.

선하고 수련한 달빛 아래서 자정이 가깝도록 우리의 시간은 정담으로 채워져 갔다. 다음 달 상현달이 뜨는 날 '달 걸이 나무 명명식' 약속도 두 집 사이 마음의 울타리에 기꺼이 내어 걸었다.

밤이 깊어갈수록 하얗게 익어가는 달빛은 나를 스르르 일으켜 세웠다. 어느새 입에서는 김용택 시인의 '달'이라는 시가 토해져 나왔다. 일어설 때의 어색함과는 달리 목소리도, 마음 언저리도 촉촉하게 젖어 들어갔다.

"달이 높이 떴습니다/ 나는 지금/ 달 아래 가만히 서 있습니다/ 달 아래 서니/ 이 생각 저 생각이 다 지워지고/ 이 사람 저 사람이 다 지워지고/ 이런 일 저런 일 다 지워집니다/ 이런 달 아래서 나도/ 깨끗하게 지워지고/ 달만,/ 둥근 달만 하늘 높이 떠 있습니다"

마당

오늘도 일어나자마자 마당을 쓴다. 이 집으로 이사를 한 후 비가 오는 날을 제외하고는 매일 아침 반복되는 일이다. 대빗자루 끝이 흙을 파고들어 그림 아닌 그림이 그려질 만큼 온 힘을 다한다. 엄밀히 말하자면 마당을 쓴다기보다는 미세하게나마 흙을 뒤엎는다고나 할까.

생전의 할아버지께서도 아침마다 맨 먼저 하시는 일이 마당 쓸기였다. 가끔은 '할아버지는 저 일을 참 좋아하시나 보다'라고 생각하기도 했다. 그렇게 열심히 쓸어야 할 정도로 마당이 더럽지도 않거니와 쓰레기라는 단어조차도 모르던 시절이었다. 더구나 나뭇잎을 떨굴만한 정원수라고는 대문 옆 감나무 두어 그루뿐이었으니…. 봉숭아, 맨드라미, 과꽃 등이 만발하던 화단마저도 옆 마당과 뒤란에 있었던 터라 앞마당은 웬만해서는 꽃잎 하나 휘날리는 법 없이 항상 반짝반짝 윤이 났다.

할아버지는 아침만이 아니라 틈이 나면 습관처럼 마당을 쓸곤 하셨다. 덕분에 우리 형제들은 술래잡기나 자치기 놀이를 할 때마다 그 어느 곳에서보다 신이 나고 기분이 좋았다. 땅따먹기와 공기놀이를 할 때 손에 닿던 그 보드라운 흙의 촉감이란…. 장면 장면들이 어제 일처럼 생생한데 어느새 내가 그때의 할아버지 나이도 넘어서서 똑같은 모습으로 마당을 쓴다. 이웃집 아저씨께 부탁해서 만든 대빗자루까지 들고 말이다.

집주인이 되어 여섯 해가 흐른 지금까지 뜰 한쪽을 차지하고 있는 흙 마당을 지켜내기 위해 고군분투를 했다. 정해진 공간 안에서 남편의 놀이터나 다름없는 텃밭 자리를 떼어 주고, 다실茶室로 사용할 별채 자리도 제법 잘라갔다. 사철 피고 지는 일년초를 온 마당 가득 심는 일은 가장 중요한 나의 숙원 사업이었건만, 남편은 유실수를 심으려고 호시탐탐 내 땅을 침범하려 한다. 더구나 오다가다 들른 동네 사람들은 풀 때문에 감당을 못하니 잔디를 심으라고 시시때때로 종용하고 있다. 하기야 동네에 새로 지은 집들은 대부분 푸른 잔디가 깔려있다. 산책길에 들여다볼 때마다 특별히 정원조성을 하지 않아도 그 푸른색 하나만으로 충분히 아름답다는 생각을 가졌던 것도 사실이다.

이러저러 사연들이 있기는 했으나 지금까지 꿋꿋하게 흙 마당을 지켜내고 있다. 할아버지께서 왜 그토록 마당을 자주 쓰셨는지 그 이유도 알게 되었다. 마당을 쓴다는 것은 단지 너저분한 쓰레기만을 치우는 일이 아니다. 흙을 뒤집어 숨을 쉬게 해주는, 그야말로 흙을 가꾸는 일이다. 이끼도 자라지 않을 뿐만 아니라 흙의 색이 죽지 않아 윤기가 난다.

요즘은 우리 집을 방문하는 사람들마다 흙 마당을 칭찬하곤 한다. 별채 앞에 현대식 바닥재를 깔고 파라솔과 편한 의자까지 마련해 놓았건만 모두가 흙 마당의 감나무 밑에 놓인 평상으로 달려든다. 달과 별이 돋는 밤에 마당 가운데 모닥불이라도 피우노라면 그야말로 하늘도 땅도 인간도 하나가 되어 어우러지곤 한다.

불과 몇십 년 전까지만 해도 우리는 국민의 80% 이상이 농사에 의지하며 살았다. 그 시절의 마당이란 요즘 푸른 잔디가 깔린 서양식 정원과는 의미가 달랐다. 서양식 정원이 시각으로 즐기는 공간이라면 우리의 마당은 몸을 담고 활동하는 생활의 공간이라고 할 수 있다. 추수철에는 온 동네 사람들이 모여 타작을 하는 일터였으며, 멍석을 깔고 곡식과 채소를 널면 건조장이 되었다. 거기에 평상 하나를 턱 놓으면 가족의 쉼터요, 아이들의 놀이터다. 더욱 잊을 수 없는 것은 명절 때마다 펼쳐지던 마당놀이이다. 정월 대보름마다 볼 수 있는 달집태우기도, 한가위 달빛 아래서 보름달보다 더 환한 얼굴로 고모, 언니들이 벌이는 강강술래도, 온 마당을 웃음바다로 만들던 아래뜸 당숙모의 실감 나는 '꼽추 춤'도 모두 동네 어느 집 마당에서 이루어졌다.

마당굿 놀이를 찾아 거슬러 올라가자면 고려나 조선 시대까지도 더듬을 수 있다. 주로 국가적인 행사로 민가는 물론이고 궁중에서까지 펼쳐지던 '나례희'와 '신대희'로부터 시작해 악공 집단인 광대들의 사당패 놀이는 민초들의 애환을 풀어 주는 유일한 위안물이었다. 그런 장면을 재연한 영화 '왕의 남자'가 온 국민의 사랑을 받은 이유 역시 우연이 아니다. 우리의 정서 안에는 한마당 질펀하게 어우렁더우렁 하고 싶은 심사가 예나 지금이나 끊임없이 살아 숨 쉬고 있다. 무대라는 공간이 감상하는 것에 그치는 공연자의 것이라면, 마당은 흥이 나면 언제든 뛰어들어 함께할 수 있는 관람자의 것이라고나 할까.

우리의 전통 마당은 현대인들의 닫힌 정원과는 달리 그 누구도 드나들 수 있는 열린 공간이다. 물건을 팔러온 보부상도, 시주하러 온 스님도, 심지어는 동냥하러 온 거지들도 대부분 마당까지는 스스럼없이 드나들곤 했다. 그만큼 활짝 열린 응접실 노릇을 톡톡히 했던 것이 바로 마당이다.

여기저기서 '설 자리(마당)가 없다'라는 말이 심심찮게 들려온다. 청소년은 청소년대로, 젊은이는 젊은이대로, 노인은 노인대로 정확히 설 자리가 없는 것이 사실이다. 공부 잘하는 청소년만이, 근사한 직업을 가진 젊은이만이, 부유하고 건강한 노인만이 무대의 주인공이 되는 세상이다. 사회 곳곳에 뛰어난 배우들이 공연하는 무대는 너무 많은데 바라만 보아야 할

뿐 함께 뛰어들어 어우러질 만한 보통 사람들의 마당이 없다. 쉼 없이 판이 벌어지고 누구나 스스럼없이 끼어들어 함께 주인공이 될 수 있었던 그 옛날의 마당은 어디론가 모두 숨어버렸다.

누군가 온다는 약속도 없는데 대문 빗장을 활짝 열어놓고 오늘도 정성을 다해 마당을 쓴다.

까맣게 몰랐다

I.

내륙 산간에 있는 내 고향엔 겨울이면 눈이 유난히 많이 내렸다. 발목까지 쑥쑥 빠질 정도로 눈이 온 날은 아침에 일어나 학교에 가는 일이 이만저만한 걱정거리가 아니었다. 십 리까지는 못 미치고 오 리는 족히 되는 등굣길. 다른 동네에 비해 그렇게 멀다고만은 볼 수 없었지만, 방한이나 방수가 잘된 신발이 없던 세상이라 눈길을 헤치며 학교에 도착하면 양말을 쥐어짜야 할 만큼 어린아이들에게는 힘든 길이었다.

어느 해였던가. 참으로 이상한 일이 일어났다. 가방을 들고 대문을 나서면 집에서 인적이 많은 큰길까지가 신기하게 눈이 치워져 있곤 했다. 한겨울이 다 가도록 눈만 오면 그런 일이 일어났다. 겨우 조심조심 걸을 수 있을 정도로 이리저리 불규

칙하게 헤쳐져 있었지만, 발이 쑥쑥 빠지지 않고 학교에 갈 수 있다는 것은 신나는 일이었다. 젖은 양말을 신은 채 동동거리는 아이들 속에서 보송보송한 발로 하루를 지내면서 그저 나는 운이 좋다고만 생각했다.

불혹의 고개를 넘기고 있을 무렵, 고향 언저리에서 동창생 영수를 우연히 만났다. 초등학교 시절 그는, 우리가 삼삼오오 공기놀이, 공놀이, 고무줄놀이 등을 할 때마다 걷어차고 도망가는 것이 학교에 오는 이유라도 되는 양 행동하던 개구쟁이 악동이었다. 항상 누렇게 말라붙은 콧물 자국과 뜯어져 나불거리는 바짓가랑이를 펄렁이며 아무 데나 쏘다니는 모습이 싫어서 눈길도 주지 않았다.

사업에 성공했다는 소문을 증명이라도 하는 듯 영수의 모습은 긴 세월만큼이나 많이 변해 있었다. 어린 시절 모습은 온데간데없고 중년 신사의 향기가 은은하게 배어 나왔다. 마주치자마자 중후한 그의 얼굴 위로 코흘리개 악동의 얼굴이 스쳐지나가 간신히 웃음을 참고 있는데 영수가 반가운 인사와 함께 알 듯 모를 듯한 미소를 지으며 슬쩍 한마디를 던졌다.

“겨울이면 눈을 발로 헤치다가 동상에 걸려 한동안 고생을 한 적이 있었지….”

순간, 하나의 영상이 머리를 스쳤다.

내가 가는 곳마다 왜 그 아이가 나타나 악동 노릇을 했는지, 또 천지가 하얗게 눈 내린 아침에도 내 등굣길은 그렇게 뚫려

있었는지 정말 몰랐다. 까맣게 몰랐다.

Ⅱ.

중학교 입학과 함께 고도 근시 판정을 받고 두툼한 안경을 쓰기 시작했다. 말끔하던 얼굴에 까만 안경이 걸쳐지던 순간부터 강박관념에 그랬는지 늘 칠판이 잘 보이는 앞자리에 앉고 싶었다. 그 시절 어린 여학생이 안경을 착용한다는 것은 요즘과는 달리 시력을 잃어버린 것만큼이나 충격으로 다가오는 일이었다. 2학년 때까지는 선생님 배려로 그럭저럭 지정된 자리에 앉아서 지낼 수 있었다. 그런데 3학년 담임선생님은 학생들에게 규제보다는 되도록 자율적으로 생활할 수 있게 유도하는 분이었다. 자리 배정 역시 등교 순서대로 앉고 싶은 자리를 골라 앉게 했다.

앞자리에 앉고 싶으면 아침 일찍 서둘러서 남보다 빨리 학교에 가면 그만이었다. 하지만 나는 동생을 데리고 자취를 하는 처지라서 아침 식사와 도시락을 준비하다 보면 지각을 하지 않는 것만도 다행한 일이었다.

세상일이란 늘 가늠할 수 없을 만큼 뜻밖의 일들이 생기곤 하기에 어떤 나쁜 상황에서도 희망의 꿈을 간직할 수 있는 것일까. 참으로 이상한 일이었다. 아무리 늦게 교실에 도착해도 내가 앉고 싶은 자리는 비어있었다. 하루 이틀이 아니라 학년을 모두 마칠 때까지 그런 현상은 이어졌다. 처음에는 조금 의아한 생각이 들기도 했지만 같은 상황이 되풀이되다 보니 자신도 모르는 사이 젖어 들어버렸다고나 할까. 그냥 그 자리가 내 자리나 되는 것처럼 당당하게 앉곤 했다.

강산이 두어 번은 바뀔만한 세월이 흘러서 한 가정의 안주인들로 자리를 잡아갈 무렵, 친정아버지의 선거에 도움을 주겠다고 십여 명의 친구들이 고향 읍내에 모였다. 하도 오랜만의 만남이라 반가운 나머지 선거는 뒷전이고 수다를 떠느라 시간 가는 줄도 몰랐다. 이야기 도중 부득이한 사정으로 참석하지 못한 내 단짝 성희가 자연스럽게 수다의 주인공이 되었다.

"그때 성희가 네 자리를 잡아주기 위해 우리 반에서 가장 일찍 등교했었어. 네가 미안해할까 봐 우리 입을 모두 막아버렸지."

겨우 시간에 맞춰 헐레벌떡 도착해 빈자리에 턱 앉곤 했음에도 약속이나 한 것처럼 왜 성희가 늘 내 짝이 되어있었는지를 바보처럼 그때는 정말 몰랐다. 까맣게 몰랐다.

Ⅲ.

지은 지 20년이나 된 아파트에서 살다 보니 주차공간이 늘 부족하다. 입주자들의 상황이 처음 집을 지을 때와는 많이 달라진 탓이리라. 겨우 한 집에 1대씩이나 있었던 자동차들이 지금은 3대까지 가지고 있는 집도 있으니 턱없이 모자랄 수밖에.

어쩔 수 없이 아파트 자체적으로 시행하고 있는 대안이 기어를 풀어놓은 채 이중주차를 하는 방법이다. 당연히 밤마다 통로 양쪽이 빽빽하게 차로 뒤덮여있기 마련이다. 문제는 아침이 더욱 심각하다. 통로 쪽 차부터 차례대로 나가주면 좋으련만 그런 요행이 있을 법한 일이겠는가. 꽁지에 꽁지를 물고 늘어서 있는 차를 뚫고 주차선에 세워진 차가 나가려면 보통 서너 대 정도는 밀어야 가능하다. 그렇게라도 쉽게 나가는 차는 그래도 다행이다. 깜박하고 기어를 풀어놓지 않은 차들이 간혹 있을 때면 출근 시간에 맞춰 서둘러 나온 사람들이 발을 동동거리기가 일쑤다.

첫 시간 강의가 주로 많은 나 역시 그 대열에서 예외일 수는 없다. 항상 오후에 차를 세울 때는 어디에 세워야 아침에 조금이라도 수월할까를 염두에 두지 않을 수가 없다. 나름대로 좋을 만한 자리를 찾아 이리저리 옮겨본 적도 많다.

그러나 걱정과는 달리 아침에 나오면 믿을 수 없을 정도로 항상 내 차 앞이 트여있다는 사실이었다. 그러고 보니 몇 년째 차를 밀어본 기억이 다섯 손가락을 꼽을 정도도 안 된다. 하루를 여는 아침에, 특히 나름대로 차려입고 나온 옷차림으로 먼지 가득한 자동차를 몇 대씩 밀지 않아도 된다는 것은 그날의 운세를 보는 것만큼이나 기분을 좌우한다.

들뜬 기분에 퇴근하는 남편을 붙들고 자랑을 늘어놓았다.

"나는 아무래도 선견지명이 있는 듯해요. 어쩌면 아침 일찍 나가는 차들이 세우는 곳에 만 주차를 하는지 내가 생각해도 신기하다니까요. 이제부터 앞날이 궁금하면 복채를 내고 내게 물어보세요."

봇물처럼 쏟아내는 내 말을 다 듣고 난 남편은 어이없다는 표정으로 나를 바라보며 한 마디를 툭 던졌다.

"아이고, 순진한 사람. 몇 년을 눈이 오나 비가 오나 새벽마다 밀어주었더니 하는 소리라고는……."

새벽 두세 시에 잠들어 아침잠에 취해 사는 나로서는 6시면 출근길에 나서는 남편에게 다녀오라는 인사도 겨우 했으니 나가면서 무슨 일을 하는지 정말 몰랐다. 까맣게 몰랐다.

다리[橋] 유감有感

먹장구름이 몰고 온 세찬 빗줄기가 들끓는 대지를 시원하게 식혀준다. 정지되어버린 듯 나른하고 느릿하게 움직이던 전원의 여름 풍경도 본능적인 긴장 상태에 돌입한다. 오수午睡를 즐기던 뜰 안의 식구들 역시 수런수런 몸놀림이 빨라진다. 거미들은 처마 밑 천장에 바짝 붙어 집을 짓고 모기들은 비교적 흔들림이 작은 담쟁이덩굴 뒤로 몸을 숨긴다.

엉금엉금 담 밑 안전한 곳으로 찾아드는 두꺼비를 보고 있는 사이, 어느새 낙숫물이 마당에 작은 도랑을 만들었다. 개미 한 마리가 엄청난 사태 앞에 갈 길을 잃고 허둥거린다. 준비성이 강한 것이 그들의 본성이건만, 무엇에 넋을 빼고 있다가 무리에서 이탈되어 저토록 쩔쩔매고 있는 것일까. 연민인지, 동질감인지 장독 옆에 서 있는 명아주 풀을 꺾어 조심스럽게 다리를 놓아주었다. 다급한 중에 지푸라기라도 잡은 듯 쪼르르 건너 간신히 피신한다. 무엇 때문이었을까. 물에 흠뻑 젖어 난작난작 멀어져가는 개미의 뒷모습을 한참이나 바라보았다.

80년대 초, 민주화를 외치는 젊은이들과 그것을 제지하려는 권력 사이에서 국민들의 고통은 극에 달했다. 그 무렵 어수선한 사회 분위기와는 전혀 어울리지 않는 따뜻한 멜로디 하나가 거리 여기저기서 울려 퍼졌다. 사이먼과 가펑클의 'bridge over troubled water'였다. 연일 보도되는 슬픈 소식들 앞에서도 "험한 세상 다리가 되어 그대 지키리" 하고 따라 부르다 보면 그저 몇 구절의 리듬만으로도 힘이 솟았다.

다리는 화합과 소통으로 향하는 염원의 길목쯤이라고나 할까. 생각이나 이념, 믿음과 사랑 등의 관계 위에 서서 늘 듬직하고 헌신적인 매개 역할을 한다. 단절된 세상이나 교류가 없는 곳엔 아예 다리라는 것이 필요하지 않다.

소설 『태백산맥』을 읽으며 가장 의미 있게 다가왔던 부분 또한 작품 속에 나타나는 벌교읍의 여러 다리였다. 동네 건달들의 세력다툼으로 결투를 벌이던 철교도 등장하고, 쟁쟁한 이념대립의 현장으로 다리 아래 강물이 핏빛으로 낭자했다는 '부용교'도 등장했으나, 빨치산 대장 염상진이 지주들에게 수탈해 온 쌀을 쌓아놓고 민초들에게 나누어 주던 '횡갯다리'는 두고두고 잊히지 않을 인상적인 다리이다. 이쪽과 저쪽, 즉 이데올로기의 대립이란 불변할 만큼 엄격한 것이겠지만, 민중을 화두에 두고 접근할 때만이라도 화합과 소통을 염원하는 작가 의도가 절실하게 담긴 상징의 다리가 아니고 무엇이겠는가.

마음의 문을 용기 있게 열고 건너보면 새로운 세상과 만날 수 있는 다리의 마력 때문일까. 우리는 늘 다리 밖의 세상을 동경한다. 그뿐인가. 평생을 두고 기웃기웃 미지의 다리를 찾기 위해 헤매기도 한다. 대부분 성취를 위한 수단이라고들 쉽게 말해버리곤 하지만, 어쩌면 내면의 고독을 떨쳐 내고 관계 속에서 살아가기 위한 본능적인 몸부림이 아닐는지.

자라는 동안 철저한 반공교육을 받아온 우리로서는 생각만 해도 바들바들 떨리는 것이 이념이었다. 90년대 말, 그 무서운 이념을 뛰어넘어 노 사업가가 평화를 기원하는 마음으로 소떼를 몰고 건너던 임진각 '통일대교'는 보기 드문 용기의 다리이고 감동의 다리였다. 영화 속의 남녀 주인공이 사랑을 싹틔우던 '메디슨 카운티의 다리'나, 견우와 직녀가 만난다는 '오작교' 역시 사랑과 믿음이 놓은 아름다운 다리들이다.

그러나 무엇보다도 거룩한 다리는 자신을 밟고 그 누군가가 무사히 건너가길 바라는 희생의 다리이다. 자식을 위해서라면 목숨도 아까워하지 않는 어머니의 다리, 청출어람靑出於藍을 위해 노심초사하는 스승의 다리, 자신보다는 타인을 위해 살아가는 봉사의 다리가 그것이다. 맹모孟母나 석봉의 어머니, 헬렌 켈러를 가르쳐 낸 위대한 스승 설리번, 언제나 못 가진 자들의 편이었던 데레사 수녀, 모두가 세상에 둘도 없는 숭고한 다리들이다.

작은 개울의 징검다리라도 되려고 노력하며 살 일이다.

뒷모습

산천이 온통 스산하다. 초겨울의 매찬 바람결을 이겨내지 못한 생명체들은 하나같이 동면 중이다. 두어 해를 비워두어 보이는 곳마다 바람이 숭숭한 시골 오두막. 추위를 다독이며 간신히 입주를 했다. 살아 움직이는 것이라고는 찾아볼 수조차 없는 뜰 안의 풍경은 보이는 곳마다 을씨년스럽고 썰렁하다. 도회지에서 여기까지 끌고 온 것도 아니건만, 회색빛 시멘트 블록들이 동네 이곳저곳에서 시야를 어지럽혀서일까.

하루빨리 앞마당에 갖가지 나무들을 심고 가꿔서 삭막한 그 모습들을 가려버려야겠다는 생각만으로 한동안 바삐 지냈다.

봄을 보내고 여름, 가을, 겨울을 차례대로 맞이하면서 그런 내 생각이 많이 잘못되었다는 것을 알게 되었다. 앞집의 뒷모습은 처음 내가 느꼈던 것처럼 싸늘하지도, 흉하지도 않았다.

그야말로 철마다 모습을 바꿔가며 꾸밈없이 아름다운 자태를 보여주었다. 봄내 담 너머로 하얗고 순결한 배꽃과 자두꽃이 눈부시게 피어 가슴 설레게 하더니, 여름에는 접시꽃과 해바라기가 정열을 토해냈고, 가을에는 주렁주렁 붉은 감들이 한나절씩 툇마루에 앉아있게 했다. 겨울 역시 빈 가지로 바람을 맞으며 새 떼들을 불러 모으는 겨울나무와 함께 많은 사색의 시간을 보냈다.

한 해가 가고 또 시간이 흘러갈수록 앞집, 아니 동네의 뒷모습들에 홀딱 반해 날마다 행복한 세월 놀이에 빠져들었다. 해질 녘, 굴뚝에서 피워내는 하얀 연기가 붉은 노을을 따라 너울너울 흐르노라면 현실인 듯, 꿈결인 듯 나도 함께 스며들곤 한다. 그뿐이던가. 바람 부는 날 '우우우….' 흔들리는 대숲의 합창 소리는 한 편의 오페라 선율이 되어 온 마을에 메아리를 불러들인다.

아무 노력도 없이 덤으로 얻은 그 기쁨은 내 의식에 차츰 변화를 일으켰다. 그동안 앞마당 가꿀 생각에 뒤뜰은 방치해 두었던 것이 부끄러워 뒷집으로 이어지는 담 앞에도 관심을 갖게 되었다. 개나리를 심어서 병아리처럼 노란 꽃이 가득 피어나게도 하고, 등나무 덩굴을 올려 보랏빛 등불을 황홀하게 밝히기도 했다. 창 앞에서 바라보면 자기 집 정원 같아 보기 좋다는 뒷집 안주인의 말을 들을 때마다 "뒤태가 참 고와요" 하고 칭찬을 들은 것처럼 기분이 그렇게 좋을 수가 없다.

뒤편 산으로 이어지는 뜰에 대해서도 많은 생각을 했다. 그곳은 자연과 위배 되지 않도록 하는 것이 내가 해야 할 배려일 듯싶었다. 주로 야생초들을 가득 심어 풀인 듯 꽃인 듯 자연스럽게 어우러지도록 그냥 두었다.

집뿐만이 아니다. 근래에는 내 자신의 뒷모습이 늘 궁금하다. 외출 준비를 한 후에도 남편에게 "괜찮아요?" 하고 앞을 보이는 게 아니라 뒤돌아 보이곤 한다. 은연중에 타인들의 뒷모습에도 관심이 많다. 이 사람 저 사람 살피다 보니 마음의 진실은 앞모습보다 뒷모습에 훨씬 정확하게 담긴다는 것을 알게 되었다. 앞모습은 다양한 표정으로 감출 수도 있지만, 뒷모습은 숨길 수 없는 솔직함이 그대로 드러난다는 것도….

오랫동안 헤어진 정인情人을 그려 볼 때 역시 앞모습보다는 뒷모습이 먼저 떠오른다. 늘 그리움 속에 있는 할머니만 해도 꿈에서 나타나시면 어딘가를 향해 황망하게 떠나시는 뒷모습이 잘 보인다. 영화 장면 또한 이별을 앞둔 연인들을 표현해야 하는 심각한 내용일수록 뒷모습을 조명해 주는 일이 많지 않던가. 괴로움에 싸여 심리상태가 불안한 사람의 모습도 고뇌하는 뒷모습이나 옆모습을 자주 보여주는 것을 보면 그만큼 뒷모습은 그 사람을 정직하게 나타낸다는 의미이리라.

사찰에 들를 때마다 대웅전에 모셔진 부처님의 뒤쪽을 자주 바라본다.

후광….

분명히 뒤에서 피어나지만 바라볼 수조차 없을 만큼 눈부신 아름다움. 부처님만이 아니라 인류를 위해 거룩하게 사신 분들에게서는 후광이 발한다. 뒷모습은 그렇게 일부러 가꾸기보다는 앞모습을 위해 곱게 살다 보면 덤으로 아름다워지는 듯싶다.

모든 이들이 이 세상을 떠난 후에 남게 되는 것은 현세에서 살아낸 자취다. 그 자취는 후광이 발하듯 앞모습에서가 아니라 오히려 사라져 가는 뒷모습에서 풍겨 나오는 것이 아닐까.

잔치

많은 식구가 북적거리는 집에서 유년기를 보냈다. 끼니때마다 족히 스무 명이 넘는 식구들이 모여 식사를 하곤 했으니, 요즈음 세태로 보자면 하루 세 번 끼니 해결만으로도 큰 잔치를 날마다 치르는 셈이었다.

고락을 함께하는 식구끼리 나누고 치러야 할 일이 어디 밥 먹는 일뿐이겠는가. 한 달이면 두어 번씩은 누군가의 생일이 돌아왔고, 종가의 제사들과 시제를 모시는 일은 어른들이 가장 심혈을 기울이는 큰일이었다. 거의 달마다 들어있는 세시 명절도 챙겨야 하고 조부모님들의 환갑, 칠순, 상례는 물론, 고모들의 결혼 등등까지 그야말로 산다는 것이 대사를 치르기 위함인 듯한 착각이 들 정도였다.

무슨 무슨 날이라고 할 때마다 온 동네 사람들과 함께 나누었던 잔치 음식들은 모두 어머니의 넉넉한 마음의 표징이었다. 엄청난 음식의 양과 맛에 환호하며 어린 우리 형제들은 늘 어머니의 허리에 둘러있던 행주치마에서 맛난 것들이 튀어나오는 것 같은 착각이 들기도 했다. 어머니는 사시사철 부엌에만 갇혀 사셨기에 논밭 일을 하는 것은 엄두도 못 내셨다. 그저 눈만 뜨면 주섬주섬 행주치마를 두르는 것으로 하루를 시작하곤 하셨다.

마당과 집주변에 빼곡하게 차일을 치고 닷새씩이나 밤낮없이 이어졌던 조부모님의 회갑 잔치는 어린 날의 풍경 중에서도 잊을 수 없는 장면이다. 좋은 기억 때문이었을까. 우리 형제들 역시 부모님의 회갑과 칠순은 물론, 남동생의 결혼식까지 친정집 뜰에서 치렀다. 그럴 때마다 100여 개가 넘는 청사초롱을 손수 만들어 뜰에 걸어놓고, 오묘한 그 불빛이 너울너울 어우러지면 그야말로 잔치의 절정에 빠져들었다.

살림을 꾸려 아파트 생활을 하면서도 틈만 나면 좋은 사람들과 마당에 모여 음식과 정을 나누는 꿈을 꾸었다. 결국 30대 후반 무렵, 도시 근교에 마당이 있는 오두막을 장만하면서부터 규모가 크든 작든 우리의 잔치는 거의 주말마다 벌어졌다. 인생의 가장 왕성했던 시절 스무 해를 오롯이 그곳에서 보냈다. 물론 내 허리에는 어머니처럼 행주치마를 두르는 순간이 많았고, 그 시간만큼 부모, 형제를 비롯한 많은 지인들과 훈훈한 정을 나눌 수 있었다.

모임 음식으로는 그저 손수 담근 차와 술, 그리고 숯불에 노릇노릇 구운 돼지고기면 족했다. 때로는 텃밭의 고구마와 감자, 옥수수, 콩 등을 쑥쑥 뽑고 따서 모닥불에 던져 놓기도 하고, 딱딱한 인절미 몇 조각을 석쇠 위에 척 올리면 최고의 잔치 음식이 되었다. 일명, 모닥불 잔치라고나 할까. 밤이 이슥해지면 마당 한가운데서 활활 타오르는 불 앞에 둘러앉기만 해도 더할 수 없이 훈훈한 잔치풍경이었다.

예로부터 내려오는 우리의 잔치는 함께 나누는 음식도 중요하지만, 그 무엇보다도 스스럼없는 정情이 넘쳐흘렀다. 한국문화를 익히는 외국인들에게 '사랑하다', '좋아하다', '관심을 갖다', 등등 어떤 말을 동원해도 꼭 알맞게 설명할 수 없는 말 '정情'. 우리의 조상들은 인륜지대사, 즉 '일생 의례'의 굽이굽이마다 금품의 부조보다는 마음 가득 정을 담아 잔치마당에 축복의 물결이 넘실거리게 했다. 그 결집력은 경사는 물론이고 상례의 슬픔까지도 승화된 축제로 만드는 힘이 있었다. 발인 전날 밤, 온 마을 사람들이 나름의 사연을 담아 망자와의 이별을 고하는 상여 놀이는 공동체로 카타르시스의 절정에 도달할 수 있는 그야말로 숭고한 제의적 경험의 순간이었다. 그런 이유인지 소설가 이청준은 상례의 절차를 심도 있게 다룬 소설 표제를 '축제'로 발표하기도 했다. 기쁠 때나 슬플 때나 함께 모여 질펀한 정과 이야기가 넘쳐났던 그 옛날의 잔치마당. 상술과 이권에 주로 목적을 두는 요즈음의 축제나 파티와는 큰 차이가 있다.

세월과 함께 우리 부부에게도 변화가 찾아왔다. 우울한 일이지만 건강상 도시와 시골을 넘나드는 생활에 한계가 왔다. 가족이 모두 참여한 심각한 조율. 아예 도심의 전원주택으로 옮기는 크나큰 결정을 받아들였다.

하던 짓은 쉽게 떨쳐버릴 수가 없는 것일까. 이사를 한 후에도 마당 가운데에 오붓하게 둘러앉을 모닥불 화덕을 다시 설치하고야 말았다. 몇 해, 모임의 횟수가 거듭되자 몸과 마음이 더욱 긴급한 신호를 보내며 엄살을 부렸다. 사람이 모여 잔치할 일이 생기면 식당을 이용하는 일이 잦아졌다. 되도록 집에서 모일 일을 만들지 않았다. 철마다 담그던 갖가지 술과 밑반찬도, 그 많던 김장도 과감히 생략했다.

아주 한가롭고 편안할 줄만 알았다. 한데 시간이 흐를수록 알 수 없이 더해가는 공허감은 나를 허둥거리게 했다. 사소한 일에도 이유를 만들어 가며 들락거리던 동생들마저 나를 편하게 해준다는 명목으로 그 빈도가 점점 줄어가는 것에는 견딜 수가 없었다.

한 가지 다행인 것은 그동안 주도적으로 시골 생활을 이끌었던 남편이 의외로 주어진 조건에 빨리 적응하는 것이었다. 오히려 요즈음은 아주 색다르고 새로운 잔치에 빠져 혼자서 부산하다. 뜰 안 곳곳에 먹이를 놓아 온갖 새들에게 융숭한 대접을 하고 있다. 찬밥은 물론, 하찮은 과일 껍질들까지 새들이 먹기 좋은 곳에 놓아주고, 텃밭에 씨를 뿌린 후에도 여분의 곡물들은 새 먹이로 사용한다. 물앵두, 멀구슬, 피자두, 오디 같은 열매들은 아예 나무에서 따지도 않는다.

세상에 헛된 일이 어디 있을까. 요즈음 참새, 박새, 직박구리, 까치, 산비둘기, 딱새, 방울새, 오목눈이, 제비 등등 차림새도 다양한 손님들이 정원수에 주렁주렁 열려 노랫소리가 마당에서 끊이질 않는다. 심지어는 꿩과 청설모까지도 잔치에 참석하러 내려오곤 한다.

새는 하늘과 땅 '사이'에 있다고 해서 '새'라는 설이 있다. 인간 세상과 천상의 세계인 하늘을 연결해 준다는 뜻이다. 그런 믿음 때문인지 선조들은 인간의 절실한 염원을 담아 마을마다 솟대를 세우기도 했으며, 불가에서는 극락조라고 부르는 '가릉빙가'를 신화적 서사로 간직했다. 어쩌면 새로운 잔치 손님들 덕분에 우리 집에는 자연 솟대도 세워지고, 언젠가는 떠나야 할 우리 부부의 극락길도 밝을 것 같은 예감이다.

어느새 나까지도 전염이 되었는지 가장 마음에 드는 행주치마를 골라 허리에 두르고 부랴부랴 뜰로 나선다. 오늘도 우리 부부는 나름 신나는 잔치 준비 중이다.

인연

'장군'이를 앞장세우고 밤 산책을 나선다. 가을로 접어들면서 다짐한 저녁 운동을 이행하는 시간이기도 하지만, 하루도 놓치지 않고 꾸준할 수 있는 것은 엄밀히 말해 장군이를 위한 배려라고 보아야 한다.

장군이에게 이렇게 지극정성을 다하는 것은 인연의 뿌리에 아픈 곡절이 숨어있어서인지도 모르겠다. 도심이지만 마당과 텃밭이 있는 집으로 이사를 한 후 남편과 둘이서만 살기에는 좀 넓고 적적했다. 궁리 끝에 인기척이 날 때마다 마당에서 짖어줄 개가 한 마리 있었으면 하는 생각에 이르렀다.

개를 분양해주겠다는 사람들이 의외로 많았다. 순종 진돗개라느니, 또는 무슨 무슨 혈통이 있는 개라느니 프로필 소개가 거창했다. 하지만 모두 정중하게 사양을 했다. 기르는 데 책임감이 너무 무겁기도 하려니와, 집에 개를 들이겠다는 마음을 가졌던 순간부터 햇볕이 좋은 날이면 툇마루 밑에 앉아 졸고 있던 '백구'와의 인연이 생각나서였다. 백구는 그야말로 흔히 말하는 변견便犬인데 우리 형제들의 어린 시절 이야기 속에는 저마다 백구와의 추억담이 빠지질 않는다. 백구는 내가 아이였을 적에 우리 집에 와서 사춘기를 보내고 있을 무렵까지 살다가 개로서는 천수를 다하고 생을 마쳤다. 뒤란의 감나무 잎이 빨갛게 물들어가던 어느 가을날, 동생들과 눈이 퉁퉁 붓도록 울면서 뒷산에 고이 묻어주던 장면은 지금까지도 눈시울이 붉어지게 한다. 동물을 좋아하는 아버지 덕분에 친정집에는 다른 종의 개들도 번갈아 키웠었지만, 백구가 유난히 마음에 남아있는 것은 함께 겪은 세월 인연 때문이 아니었을까.

드디어 내 심중을 알아차린 남동생이 털이 하얀 잡종 강아지 한 마리를 데려왔다. 태생과는 다르게 깔끔한 자태에 눈빛이 유난히 순해 보이는 점이 마음에 들었다. 주변의 환경이나 사람들과 함께 어우러져 하나의 풍경을 이루며 살라는 뜻에서 이름을 '여백'이라고 지어주고 살뜰히 보살폈다.

사람이든 개든 자연의 일부로 살아가자는 깊은 의미에서 지은 이름이었다. 한데 그 뜻을 알아차리지 못했는지, 아니면 자기의 본분을 잊어버렸는지 날이 갈수록 여백이가 있는 공간은 그야말로 '여백餘白'이 되어갔다. 생후 7개월이 넘어 개로는 청소년기에 접어들었다는데, 도무지 짖을 생각을 하지 않았다.

잘 짖는 개를 보여주기 위해 저녁마다 여백이를 데리고 온 동네 유람을 하고, 행여나 따라 할까 싶어 틈만 나면 손짓, 발짓, 표정까지 온갖 개 흉내를 내며 짖어 봐도 소용이 없었다. 한번은 집이 비어있을 때 동네 아저씨가 우리 텃밭에 볼일이 있다고 해서 울타리를 넘으시라고 했다. 아저씨께서 울타리를 넘어 들어가도 여백이는 멀뚱멀뚱 바라만 보고 있더란다. 그런 개를 왜 키우느냐며 오히려 화를 내시는 아저씨 말씀을 들으면서 개 주인으로서 자존심까지 상했다.

시간이 흐를수록 감나무 밑 풍치 좋은 자리에서 신선인 듯 고요하게 여백으로 머무는, 그야말로 '여백'이만 바라보면 가슴이 터질 듯 답답하기만 했다. 식구지만 제 할 일을 하지 못하니 마냥 예쁘게만 보이지도 않았다. 방안에서 애완용으로 키우는 개도 아니고 오로지 인기척이 있으면 먼저 알아차리고 '컹! 컹!' 짖어주는 것, 그 한 가지만을 바라며 그렇게 정성을 기울였건만 아무리 생각해도 주인에 대한 예의가 아니라는 생각이 들었다.

보다 못해 강아지를 가져온 남동생이 책임감을 느꼈던지 제안을 해왔다. 부모님이 계시는 시골에는 농장이 넓어 이왕 여러 마리 개를 키우고 있으니 짖지 않는 개 한 마리 더 있으나 마나 하니 거기로 보내자고 했다. 또 개들 속에서 살다 보면 짖을지도 모른다는 것이다. 조금은 안타깝고 망설여졌지만 방법이 없었다.

이별의 아픔은 새로운 인연을 통해 다스린다고 했던가. 다시 소문을 내기도 부끄러워 주변에 있는 5일장에서 하얗고 영리하게 보이는 강아지 한 마리를 사 왔다. 동네를 감싸고 있는 '어등산'처럼 우람하게 자라라고 이름을 '어등'이라고 지었다. 그런데 어등이는 집에 온 첫날 밤부터 정상이 아니었다. 밥을 먹지도 않거니와 설사를 하는 폼이 예사로 넘기엔 너무 심각했다. 이튿날 병원에 갔더니 장염이라는 진단이 나왔다. 예방할 시간도 없이 이미 아파 있는 강아지를 사 온 셈이었다. 정성을 다해 간호도 하고 며칠간이나 안고 병원도 다녔으나 어등이는 그대로 떠나고 말았다.

한동안 입맛이 없을 정도로 마음이 아팠다. 우리는 강아지를 키울만한 사람이 못 되는 거 아닌가 하는 자괴감까지 들었다. 남편과 나는 새로운 인연을 다시는 만들지 말자는 다짐을 하며 개집을 깨끗이 씻어 햇볕에 말렸다.

대답은 했으나 남편은 포기를 하지 않은 모양이었다. 하루는 시골집엘 다녀오더니 옆집 '삼팔'이가 산일産日이 되어간다면서 삼팔이 자랑을 늘어놓았다. 그날부터 자주 갈빗집에 들러 식사를 한 후 뼈를 싸달라고 해서 달려가곤 했다. 삼팔이가 무사히 몸을 풀고 그의 아들인 장군이가 우리 집으로 올 때까지 남편의 그런 행동은 계속되었다. 장군이 이름 역시 용감하고 씩씩하라는 염원 속에 탄생 즉시 남편이 지어준 이름이다.

우리의 기원이 통했는지 목청 좋게 잘 짖는 것이 장군이의 특징이자 장기이다. 대문밖에 혹 낯선 사람이라도 얼씬거리면 사력을 다해 짖어댄다. 이제 4개월도 채 안 된 녀석이 자신의 의사 표현을 분명히 하는 것을 보면 그저 기특하고, 흐뭇하고, 예쁘기 그지없다. 퇴근하고 집에 들어서면 건강하고 똘망똘망한 모습으로 얼마나 반기는지 이산가족 상봉이라도 하는 것 같다. 그야말로 의식주를 같이하는 식구의 의미를 새삼 깨닫게 하는 순간이다.

아무리 생각해도 인연이란 노력만이 아닌 알 수 없는 무엇인가가 있는 듯하다. 강아지 한 마리와의 인연도 그러한데 사람이 사람을 만나고 헤어지는 일은 오죽하겠는가. 수많은 인연의 전설을 찾아서 어딘가로 마냥 떠나고 싶어지는 짙고 깊은 이 가을, 걸어온 길목에서 스쳐 간 것들의 뒷모습도 소중하게 되돌아볼 일이다. 아무리 가벼운 만남이라도 허투루 맺어진 인연이 어디 있겠는가.

까치 까치 설날은

아침부터 뜰 안이 부산하다. "깍깍 깍깍!" 울음소리에도 어느 때보다 힘이 실려 있다. 꽁꽁 얼어붙었던 산천이 풀려가고 있으니 저들인들 이 봄빛을 한 올이라도 놓치고 싶겠는가.

10여 년 전 이맘때쯤, 옆 마당 언덕 위에 하늘을 배경으로 펼쳐져 있는 갈참나무, 뽕나무, 느릅나무의 기상을 올려다보는 재미는 종일 이어지는 이사의 고단함까지도 잊게 했다. 느릅나무 끝자락은 범상치 않은 '둥지'까지 이고 있었다.

불과 몇 분도 지나기 전에 둥지의 주인이 까치 부부라는 것을 알아차렸다. 터줏대감에게 이사 떡을 돌리는 마음으로 과일을 조각내어 정성스럽게 흩뿌려 주었다. 까치 부부와 우리 가족은 그렇게 눈만 뜨면 마주하는 이웃이 되었다.

자연 속으로 옮겨와 처음 맞는 설날과 새봄은 각별했다. 겨우내 얼고 녹기를 반복하며 생긴 집안 곳곳의 상처 치유는 물론, 주변환경과 어색함 없이 어우러지려면 이것저것 조율도 필요했다. 특히 까치 부부의 습성을 알아야 하는 것은 급선무였다.

생각이 미칠 때마다 덩두렷하게 자리 잡은 둥지를 유심히 살펴보곤 했다. 입춘대길, 새봄의 꿈을 집 구석구석에 담고 있는지, 아니면 넓고 깨끗한 집에서 '까치설'을 쇠기 위한 서두름인지 그들 부부의 부지런함에는 입을 다물 수가 없었다. 남편 까치는 연신 자재를 물어 나르고 안주인은 균형을 잡아가며 집수리에 여념이 없다. 헌 집을 다시 쓰지 않는다고 들었는데 어렵게 어렵게 보수를 하는 것을 보면 다른 어떤 사연이 있는 것은 아닌지….

요즈음 까치들이 사람들에게 돌이킬 수 없는 죄인으로 등극하고 있는 것은 모두가 아는 사실이다. 대역죄인의 목을 잘라 저잣거리에 본보기로 내어 걸듯 까치의 사체를 형틀에 매달아 놓은 것을 어느 과수원에서 본 적도 있다. 죄목은 과수원의 과일에 피해를 준 죄라고 한다.

원래 까치의 주식은 단백질을 섭취할 수 있는 곤충이나 유충, 물고기, 파충류 등등이었다. 문제의 곡식이나 과일류는 그것들을 구할 수 없는 추운 겨울 먹거리에 불과했다. 그런데 꿈틀거리는 생명체, 즉 까치의 주식이 우리 들판에서 자취를 감춰버린 지는 오래전 일이다. 그뿐이던가. 감나무 끝에 까치

밥을 남겨주던 인간의 배려도, 자연의 섭리대로 조율하며 살던 먹이사슬의 질서도, 마음 놓고 둥지를 틀 정도로 울울창창한 큰 나무도 인가人家 주변에서 사라져버렸다. 그것이 과연 까치의 잘못에서 온 것일까. 오죽하면 그 무서운 전봇대 위에까지 집을 지어 사람들의 원망을 사겠는가.

이래저래 유해조류로 낙인이 찍히기는 했지만, 분명 까치는 민화나 동화, 설화에 이르기까지 길조로 등장할 만큼 우리 곁에서 오랜 세월 사랑을 받던 텃새다.

까치가 울면 기쁜 소식과 복이 온다는 믿음은 새해에 더욱 빛을 발했다. 자별한 인연의 서사로 인간과 까치를 묶어주었던 윤극영 선생의 동요 '설날'은 잊지 못할 고향의 풍경으로 우리 모두의 마음에서 살고 있다. "까치 까치 설날은 어저께고요. 우리 우리 설날은 오늘이래요" 학자들은 '까치설'이 '작은 설'을 뜻하는 '아찬설', '아치설'에서 온 것이라고들 하지만 까치의 생태를 아는 사람이라면 어찌 언어적으로만 그렇게 단순하게 해석할 수가 있겠는가.

설날은 늘 손꼽아 기다리는 특별한 날이었지만, 사실은 진짜 설날보다는 까치설날이 몇 배나 좋았다. 설빔 입을 생각, 반가운 친척들과의 만남, 음식 냄새와 맛보기, 놀이 준비 등은 모두 모두 까치설날에 이루어졌다. 어른들에게 걱정거리가 있든 말든 설 전날이면 이미 어린 천사들은 걷잡을 수 없이 들떠 있었다. 슬픔이나 불행보다는 기쁨의 두근거림을 좇는, 어떤 눈치도 보지 않고 당당히 그래도 되는 날이 바로 까치설날이었다.

코로나 역병의 유행은 가족끼리도 만날 수 없는 암울한 설날을 보내게 했다. 까치가 집과 먹이를 잃어버리고 인간과 사이가 나빠지면서부터 혹여 행운의 밝은 기운을 상실해버린 것은 아닐까. 거기에 조금은 일조를 한 것만 같아 부끄럽고 송구한 마음으로 오늘도 까치집을 올려다본다.

사랑방 이야기

친척들이 하나둘 친정집에 모여들었다. 조부모님의 제삿날. 덕담으로 시작된 인사와 함께 엄숙한 분위기는 사라져버리고 회포를 푸느라 온 집안이 들썩거린다.

세 분의 고모들과 우리 형제들은 오순도순 함께 살았던 이야기가 시작되자 신명이 나서 그 시절의 현장으로 장소를 옮겼다. 친정집은 고가古家는 비워두고 그 앞쪽에 신축해서 살고 있기에 우리가 태어나고 자란 옛집을 찾은 셈이다. 안채와 사랑채 사이에 있는 넓은 마당은 어머니께서 텃밭으로 사용하고 있어서 갖가지 야채들이 푸릇푸릇 자라고 있다. 고모들이 떠들썩하게 부엌이며 뒤란이며 안채를 둘러보고 있는 동안 내 발길은 어느새 사랑채 앞에 멎었다.

가끔 우리 전통가옥을 답사할 때도 안채보다는 왠지 사랑채 앞에 오래도록 머무르곤 한다. 문턱이 닳도록 드나들었을 사람들의 인기척이 느껴지기도 하고, 잘 조율되어 흘러나오는 인간의 화음이 들리는 듯해서이다. 사랑방은 쉼 없이 많은 일들이 벌어지곤 했지만, 타협과 조화가 늘 전제되어 있었으며 상황 상황마다 있는 그대로 함께 어우러지는 곳이었다. 그래서일까. 그 유명한 『사랑방 손님과 어머니』에서 젊은 과부가 사는 사랑방에 외간 남자가 하숙생으로 들어도 막무가내 은밀한 시선만을 던질 수는 없었던 것 같다.

내게도 사랑방에 대한 추억은 각별하다. 태어나서 처음으로 글자를 읽힌 곳이 바로 사랑방이다. 심훈의 상록수 같은 상황이 우리 집 사랑방에서도 펼쳐졌다. 초등학교 선생님 한 분이 나오셔서 야학을 운영했는데, 어른들 속에 유일하게 끼어 앉은 다섯 살 아이는 높이 걸린 칠판 때문에 목이 뒤로 꺾여질 지경이었다. 딱하게 보였던지 할아버지께서는 밤마다 윗목에 비료 포대를 쌓아서 그 위에 앉혀주셨다. 글자가 무엇인지도 모르고 반평생을 살아버린 시골 아낙들에 비해 그래도 어린것의 총기가 조금 나았던지 글자를 척척 맞추는 것을 보고 할아버지께서는 그 일에 더욱 열을 올리셨다.

사랑방에서는 항상 재미있는 일들이 끊이지 않았다. 마을 사람들이 의논할 일이 있거나 공동으로 무엇을 해야 할 때면 주로 우리 집 사랑방에 모이곤 했는데 그럴 때면 항상 신명 나는 일들이 벌어지곤 했다. 그중 가장 기다려지던 것은 한 달이면 몇 번씩은 들어있는 동네 어느 집의 제삿날이었다. 심부름꾼으로 뽑힌 젊은이 두어 명이 진설陳設이 끝날 만한 시간을 기다렸다가 커다란 양푼을 제삿집 울안으로 던지며 "단자單子요" 하고 외쳤다. 제주祭主는 사랑방에 사람들이 모여 있는 걸 알아차리고 푸짐하게 음식을 담아서 대문 옆에 놓아두었다. 맛난 음식이 궁하던 때이기도 했지만 함께 나눠 먹던 그 음식 맛을 무엇에 비길 수가 있을까.

동네 오빠들은 틈만 나면 쑥덕쑥덕 음모를 꾸미곤 했다. 닭서리, 수박서리, 참외서리, 콩서리, 감서리 등등…. 오빠들은 그 어떤 서리도 재미있어 죽겠다는 표정이었으나 내가 직접 겪어 본 것은 감서리였다. 컴컴한 들길을 따라 더듬더듬 걷다가 보니 윗마을 밭 가운데에 서 있는 커다란 감나무 밑이었다. 뭔지 모를 불안과 무서움에 언덕 밑에 쭈그리고 앉아 눈만 빠끔히 내놓고 동정을 살폈다. 오빠들은 자루를 펼치더니 커다란 바가지 하나씩을 머리에 쓰고 감나무 위로 올라갔다. 나뭇가지를 더듬어 머리를 대고 살래살래 흔들었다. 바가지에 잎이 부딪치면 소리가 나지 않고 감이 부딪치면 소리가 났다. 감나무에 올라서서 바가지 하나씩을 둘러쓰고 머리를 흔들어 대던 오빠들의 모습이 얼마나 우스웠던지 지금 생각해도 어이가 없다.

사랑채의 여러 방들에는 동네 사람만이 아니라 이런저런 떠돌이 손님들이 묵어가기도 했다. 담양의 대바구니 장사, 남원의 칠기漆器 장사, 염산의 새우젓 장사와 소금 장사, 고수의 옹기 장사…. 그들은 사랑방에서 하룻밤 머물고 가는 것에 그치는 것이 아니라 많은 이야기들을 남기고 떠났다. 자기들의 고향 사투리로 온갖 경험담들을 늘어놓으면, 옛날이야기에서나 나오는 사건들이 실제로 일어나고 있다는 사실에 놀라 잠 못 이룰 때도 많았다.

어느 날은 고시 공부를 한다는 먼 친척 한 사람이 찾아왔다. 그는 열심히 공부만 하고 싶은데 학비가 없다고 했다. 재능은 있는데 돈 때문에 공부를 하지 못하는 사람들을 보면 가만히 계시지 못하는 아버지는 꽤 많은 돈을 마련해 주었다. 그 사람이 사기꾼이라는 사실을 알려주러 오신 읍내 아저씨가 묵어간 곳도 사랑방이었다.

예로부터 제 발로 찾아온 손님은 누구든 내치지 않고 성심껏 대접하던 것이 우리의 아름다운 풍습이었다. 일 년 열두 달 언제나 활짝 열려 있어 넉넉한 인심이 흘러나오던 곳 사랑방. 그곳을 통해 미숙하나마 세상을 배웠고, 사람이 함께 어우러져 살아간다는 것이 얼마나 행복한 일인가를 알게 되었다. 초인종을 눌러도 함부로 문조차 열 수 없을 만큼 서로 믿지 못하고 살아가는 이 사회가 어디까지 가게 될지 두렵기만 하다.

누구든 가리지 않고 들락거리며 기쁨도 슬픔도 함께 나누던 사랑방이 마냥 그립다.

짝

듣기만 해도 가슴이 벅차오르는 말이 있다. '사랑'이나 '어머니' 또는 '우정' 같은 말이 그렇다. 특히 내가 좋아하는 단어 중에는 '짝'이라는 말이 있다. '짝'을 가만히 읊조려 보면 가슴 설레는 고운 장면들이 떠오르면서 내게 있어 가장 천진했던 시절을 넘나들게 한다. 새 학년이 될 때마다 짝에 대한 기대로 두근거리던 일이 오롯이 떠오르기도 하고, 여학교 6년 동안 단짝이었던 성희가 생각나 가슴까지 서늘해질 때도 있다.

그것만일까. 이미 성인이 되어버린 아들의 단짝까지 꼬치꼬치 묻는가 하면, 똑같이 생긴 것들 두 개가 나란히 놓여있는 모습을 볼 때면 그저 옹골지고 안정감이 든다. 짝을 지어서 노는 금붕어 한 쌍을 들여다볼 때도 그렇고 젓가락을 짝끼리 맞춰서 식탁에 가지런히 놓을 때도 그렇다. 특히 시골집 댓돌 위에 놓인 식구들의 흰 고무신을 보면 어머니를 만난 듯 편안하고 따뜻하다. 그것들을 하얗게 닦아 짝끼리 맞추어 나란히 놓을 때는 아주 긴 세월 동안 줄곧 해왔던 일처럼 친숙하게 느껴진다.

집안에서 사용하는 물건을 구입할 때 역시 짝을 맞추어 사는 버릇이 있다. 쌀바가지도 똑같은 것으로 두 개를 사서 하나는 쌀을 씻을 때, 다른 하나는 그릇을 씻을 때 사용한다. 향초를 고를 때 또한 색색이 쌍으로 준비해 탁자 위에 가득 불을 밝히면 마치 촛불들이 쌍쌍 파티라도 하는 것 같다.

우리나라 사람들은 대부분 좋아하는 숫자를 말하라면 7이나 3 같은 홀수를 고르곤 한다. 하지만 그런 경우는 형체 없는 숫자상의 돋아 보임 때문이고 생활 속에서는 짝을 이룰 때 화음을 이루고 평화가 피어나는 듯싶다. 닮은 모습끼리 둘이서 짝을 이루면 오순도순하지만, 셋이 있으면 하나가 이탈되어 나오기 쉽고, 넷이면 반씩 나누어 짝을 짓고 싶은 충동이 생긴다.

요즈음 또 하나의 짝짓기를 위한 중매쟁이 노릇에 몰두해 있다. 다름 아닌 돌멩이의 짝을 찾는 일 때문이라고나 할까. 평소 나는 수석이나 분재를 별로 좋아하지 않는다. 남의 집을 방문했을 때 값진 수석이나 분재가 진열되어 있으면 거부감까지 인다. 자연 속에서 자유롭게 숨을 쉬어야 할 나무나 돌들을 철사로 동여매어 뿌리조차 뻗지 못하도록 작은 분에 가두는 것은 잔인한 일이라고 생각했다. 아무튼 여러 이유를 나열하며 마음의 문을 닫아버렸다.

한데 우연히 알게 된 어느 분이 수석 한 점을 선물해주면서 이것저것 이야기해 준 적이 있다. 수석에는 음양의 이치에 맞는 짝이 그 어디엔가 틀림없이 있어서 수석을 수집하는 사람들은 짝을 맞추어서 소장하길 바란다고 했다. 그 말을 들은 후에도 수석의 매력에 대해서는 알 수 없었으나 수석에도 짝이 있다는 말은 생각해볼수록 신비로웠다. 그때부터 바다나 강에 들르면 수석을 찾기 위한 목적이 아니라 단지 짝이 될 것 같은 돌을 찾기 위해 눈여겨 살피곤 한다.

돌의 짝을 찾는 일은 돌멩이 하나하나에 특색 있는 의미를 부여해야 만이 가능한 일이다. 돌들을 감정이 있는 생명체로 여기며 대화를 나누어야 하고 개성을 잘 파악해야 한다. 수많은 돌 중에서 인연의 짝을 맞추는 일은 사막에서 바늘을 찾기 만큼이나 어려운 일이라는 것을 어디 모르겠는가. 흐르는 물에 씻기어서, 또는 불어오는 바람결에 닳아서 만들어지는 것이 돌의 형체들일 진데…. 단지 그것들에게도 짝이 있다니 오묘하고도 신비해서 앞으로도 돌 찾는 일은 포기하지 못할 것 같다.

돌들에 관심을 가지면서부터 자연이나 사물에 나름대로 의미를 부여해보곤 하는 버릇이 생겼다. 그러고 보니 묵묵히 서 있는 커다란 산의 형세들까지도 대칭이 될 만큼 닮아있는 모습들이 많았다. 그것 또한 어디 우연이겠는가.

생전의 할머니는 어떤 하찮은 것도 함부로 여기지 않고 사람처럼 대하셨다. 세상 만물은 모두 음양의 짝을 이루고 그 짝끼리 서로서로 영향을 미쳐 상생相生하기도 하고 상극相剋하기도 한다고 하셨다. 인연이란 말씀도 많이 하셨는데 그 인연을 함부로 하지 않아야 한다고 늘 되뇌셨다.

왜 이제야 그 말씀이 와닿는 것일까. …하물며 인간의 짝은 서로에게 어떤 의미이겠는가.

돌아보기

활자로 된 것이면 무엇이든 쉽게 버리지 못하는 습관 때문에 서재가 뒤죽박죽이다. 대부분 한 번 보고 폐기하는 가벼운 잡지들까지도 다시 봐야 할 것만 같아 쌓아 두곤 한다. 문화나 문학, 교육 잡지는 물론이고 음악, 무용, 심지어 여행, 낚시, 자동차 관련 잡지들까지 종류도 다양하다. 손수 모아왔으니 오래된 것이 기껏 40여 년을 넘나들겠지만, 그것들을 뒤적이다 보면 과거로의 타임머신이라도 탄 듯하다. 민감할 만큼 그 시대를 반영하는 것이 잡지의 특성인지라 비교적 정확한 세월 돌아보기가 되는 셈이다.

오늘도 잠깐 '사회발전연구소'에서 83년도에 발행한 『한국인』이란 잡지를 펼쳐 들었다. 첫 장을 넘기자 주목받는 관심거리였는지 당시 유명 가전회사의 컴퓨터 광고가 가득 실려 있다. 장난감 같은 작은 컴퓨터를 중심으로 한 가족이 둘러서서 환하게 웃고 있다. 가족 모두가 함께 사용할 수 있다는 요란한 설명과 함께 ROM이 28KB, RAM이 16KB라고 적혀있는 규격 표시를 보자니 웃음이 나왔다. 다른 페이지에는 국내 유일한 대형 냉장고라고 자랑하는 것의 용량이 200L이고, 혁신적으로 모든 기능을 자동화했다는 컬러 TV의 화면 크기는 14인치였다. 물질문명이 참으로 빠른 달리기를 해버렸음을 실감하게 했다.

그 시절에 비해 너덧 배나 큰 가전제품들을, 그것도 한 집에 몇 대씩이나 척척 들여놓고 살고 있고, '슈퍼'라는 명칭까지 단 상상을 초월하는 컴퓨터는 물론이고, 그에 못지않은 스마트폰까지 온 국민의 손에 들려있는 편리한 세상인데 왜 날이 갈수록 사람들의 삶은 각박해져만 가는 것일까.

한 가지, 그때나 지금이나 별다른 변화가 없는 것은 사회악을 근절시켜 평화롭게 살아가고자 하는 염원이라고나 할까. 각계 저명인사들이 '인간답게 사는 길'이라는 주제로 꾸민 특집에서는 교육 현장의 붕괴, 성범죄, 삭막해져 가는 도시와 농촌, 호화 혼수, 공직 사회에 흐르는 탁류 등이 사회를 좀먹는 문제점이라고 요소요소에 지적하고 있다. 큰 주제들로만 보면 마치 요즈음 잡지를 읽고 있는 듯도 하다. 사회 파멸 현상까지 걱정할 정도로 급박하다고 생각한 현 사회의 문제점들이 오늘의 일만이 아니라 과거에도 같은 고민을 했다는 점에 조금은 안도가 되었다.

문득, 시골 농장에서 순한 눈망울로 되새김질을 하고 앉아 있던 황소들이 떠오른다. 평소와는 다르게 유독 고요하고 유순한 모습으로 되새김질을 하는 짐승들을 볼 때마다, 이떤 일을 되풀이하여 음미하고 생각한다는 뜻인 '반추反芻'의 어원이 소나 염소가 한 번 삼킨 먹이를 게워내어 되새기는 '반추위反芻胃'에서 나왔다는 말에 고개가 저절로 끄덕여진다. 시간에 쫓겨서, 배가 고파서, 먹이가 탐나서, 몰래 살짝 먹느라 우걱우걱 해치웠던 것들에 대한 반성과 회한의 시간 되새김질!. 그것이 어디 동물들에게만 소용되는 일이겠는가.

욕망을 향해 앞으로 내달릴 때는 공격과 경쟁이 따르지만, 반추의 시간 안에는 포용과 용서가 함께 한다. 돌아보기는 그만큼 정화와 화해의 시간이며, 지난날과 오늘의 조율작업이다.

학창 시절, 할머니께서는 달포에 한 번쯤 자취 살림을 살펴주러 오시곤 했다. 오실 때마다 이삼일쯤 머물다 가셨는데 아침 등교 시간이면 꼭 학교까지 바래다주셨다. 교문에 다다르면 책가방을 내 손에 들려주고는 어서 들어가라며 손을 치셨다. 교실까지 가는 길…. 몇 번이고 돌아보아도 할머니는 그렇게 그 자리에서 꿈쩍도 하지 않으셨다. 오로지 내 뒷모습만을 바라보며, 세상에서 가장 큰 사랑으로 서 계시던 할머니.

살아오면서 자존감에 혼란이 올 정도로 힘겨울 때마다 부적처럼 꺼내 보곤 하는 내 인생의 '돌아보기' 한 장면이다.

■ 연보

탁현수(본명:卓賢淑)

1956. 05. 04 전북 고창 출생

1993~2021. 남도수필문학회 회원 및 회장

1995. 07. ≪수필과 비평≫으로 등단

1995~2021. 광주문인협회 회원, 이사, 부회장(현재)

1995. 10. 한국은행 총재상 수상

1996~2021. 한국문인협회 회원 및 평생교육원 운영위원(현재)

1997. 11. '제24회 중앙독서감상문대회 장려상 수상(중앙일보 주최)

1997~1999. 광주 YMCA 사회교육원 강사(논술)

1998. 09. '한국동화구연 전국대회' 은상 수상

1998. 10. 광산문학상 수상

1999~2000. 광주 송정도서관 독서감상문 심사위원(2회)

2000. 05~07. 국민일보 칼럼 연재(주 1회 3개월간)

2000~2020. '용아 박용철 전국백일장대회' 심사위원(13회)

2001. '수필과 비평 문학상' 수상

2002~2013. 광주 광산문화원 이사 및 감사

2002~2013. 『어등골문화』 편집위원

2001~2002. '우리문화 한아름 교육' 강사(문화관광부 시행)
2002~2008. 계간 ≪대한문학≫ 편집장
2004~2012. 『광주의 다리』, 『광산의 내명록』, 『광산의 외사록』, 『어등의 맥』, 『어등골 문화』, 『송정역 100년 이야기』 등 공저
2005. 05. 작품집 『한 걸음만 느리게』 출판
2005~2021. 호남대학교 겸임 교수, 초빙 교수 및 외래교수(현재)
2006~2014. 광주 광산구 평생교육원 강사 및 원장
2006. 12. 광주 광산구청장상 수상(평생교육원 공로상)
2008~2009. 광주 광산구 지역발전자문위원
2008~2018. 동신대학교 외래교수
2008~2016. 광주 시민백일장 심사위원(6회)
2009. 11. '제4회 대한문학상' 수상
2009~2011. 광주 광산구사편찬 집필위원
2009~2021. 조선대학교 초빙교수 및 외래교수(현재)
2010. 12. '광주문학 올해의 작품상' 수상
2012~2016. 광주 광산구 향토사연구위원
2011. 02. 조선대학교 대학원 문학박사 취득(고전문학 전공)
논서: 「다산 정약용의 서간 연구」 외 다수
2011. 09. '제20회 광산구민상(문화예술부문)' 수상

2011~2016. 한국예술문화비평가협회 회원
2011~2021. 국제펜 한국본부 광주지회 수필분과 위원장
2011~2021. 선운산문학회 회원
2012. 05. 작품집 『조화를 위한 조율』 출판
2012~2013. 다형시낭송회 부회장
2012~2021. 광주 광산구 교육경비보조금심의위원
2012~2021. 수필문우회 회원
2012~2016. ≪광주문학≫ 수필 계간평
2012. 11. '제16회 매월당문학상' 수상
2013. 12. '제26회 광주문학상' 수상
2013~2021. 용아 박용철 기념사업회 이사
2013~2014. 계간 ≪문학춘추≫에 문학관 기행 연재
2014. 12. '광주예술문화상' 수상
2014~2.16. 광주 광산문화원 문학분과 운영위원
2014~2019. 무등도서관, 메트로 열린 도서관, 광산문화원, 금당문화대학, 강진 다산수련원, 필암서원 등에서 인문학 강의
2015~2021. 미당문학회 이사
2018. 12. 작품집『황룡강 따라 흐르는 이야기』출판
2018. 12. 작품집『창작, 그 근원을 향하여』출판
2019. 05~10. 인문독서 아카데미 강의(15강좌, 한국출판문화산업진흥회 시행)

2020~2021.	전남매일신문 에세이 연재
	열린뉴스통신 연재, 세종경세신문 게재
2020~2021.	광주매일신문 '문학마당' 편집
2021.	광산구 행복돋움판 문안 공모 심사위원(3회)
2021. 10.	수필 선집 『기다림, 그것은』 출판

현대수필가 100인선 Ⅱ · 71
탁현수 수필선

기다림, 그것은

초판인쇄 | 2021년 10월 25일
초판발행 | 2021년 10월 29일

지은이 | 탁 현 수
펴낸이 | 서 정 환
펴낸곳 | 수필과비평사 · 좋은수필사

주 소 | 서울시 종로구 삼일대로 32길 36.
(익선동 30-6)운현신화타워 305호
전 화 | 02)3675-5635, 063)275-4000
등 록 | 제300-2013-133호
홈페이지 | http://www.shinapub.com
e-mail | essay321@hanmail.net

값 10,000원

ISBN 979-11-5933-368-2 04810
ISBN 979-11-85796-15-4 (전 100권)